RAPPORT

SUR

LA BIBLIOTHÈQUE DU COLLÉGE

DE PORRENTRUY,

son origine, ses développements et sa réorganisation.

Par *J. TROUILLAT*, bibliothécaire.

(Extrait des archives de la Société jurassienne d'Emulation et publié par l'Administration du Collége.)

Forsan et hæc olim meminisse juvabit.
VIRGILE.

PORRENTRUY,

IMPRIMERIE ET LITHOGRAPHIE DE V^{tor} MICHEL.

Septembre 1849.

RAPPORT

SUR

LA BIBLIOTHÈQUE DU COLLÉGE

DE PORRENTRUY.

RAPPORT

SUR

LA BIBLIOTHÈQUE DU COLLÉGE

DE PORRENTRUY,

son origine, ses développements et sa réorganisation.

Par *J. TROUILLAT*, bibliothécaire.

(Extrait des archives de la Société jurassienne d'Emulation et publié par l'Administration du Collége.)

Forsan et hæc olim meminisse juvabit.
Virgile.

PORRENTRUY,

IMPRIMERIE ET LITHOGRAPHIE DE V[tor] MICHEL.

Juillet 1849.

L'histoire des établissements utiles, quelque médiocres qu'ils soient, présente toujours un intérêt spécial à l'homme sensible et reconnaissant qui sait en apprécier l'importance relative, les ressources et les bienfaits. Si dans les biographies particulières, on aime à suivre les efforts de l'intelligence luttant contre les obstacles et les vicissitudes de la vie matérielle ; de même à la vue d'une institution séculaire, sous l'impression de ses résultats avantageux, on recherche volontiers l'enchaînement des faits qui en ont déterminé la fondation et la série des événements heureux ou déplorables qui ont affermi ou menacé son existence.

Pour nous, élèves du collège de Porrentruy, formés à la pratique des devoirs sociaux à l'ombre de sa discipline tutélaire, tout ce qui se rattache à la vie passée de cet établissement devient intéressant même dans les détails les plus minutieux. Ce sentiment respectable, que nous éprouvons tous, nous assure toute votre indulgence pour un travail aussi ingrat par le cadre que le sujet nous impose, qu'aride et peut-être fastidieux dans son exécution. Si nous n'avons pas à produire les raretés bibliographiques, qui sont l'orgueil et la gloire de certaines bibliothèques, la nôtre, du moins, présente un ensemble de livres utiles sinon précieux ; chaque volume nous retrace une page de notre histoire, rappelle à notre souvenir un grand acte politique, un nom vénéré ou de nobles et touchantes infortunes.

Toutefois, la tâche que nous avons entreprise ne peut être remplie avec tous les développements désirables ; les matériaux nous manquent pour compléter cette œuvre ; quelques fragments de catalogues, un petit nombre de pièces officielles, des armoiries, des notes éparses sur les couvertures des volumes, voilà toutes nos ressources pour nous orienter dans ce travail.

Notre but, en vous le soumettant, c'est de sauver de l'oubli les renseignements historiques qu'une manipulation fréquente de cette bibliothèque nous a permis de recueillir, renseignements qui échapperaient désormais à tout autre, par suite des réparations matérielles et des nombreuses transformations que cette collection a subies. Nous réunirons d'abord les faits relatifs à la fondation de cet établissement, les circonstances qui l'ont développé ; puis nous exposerons succinctement les travaux qu'a nécessités sa réorganisation récente. Si dans le cours de cette notice, nous effleurons par fois l'histoire du collége, n'oublions point que la bibliothèque est sa sœur aînée, et qu'elle a constamment partagé ses revers ou sa fortune heureuse.

<h1 style="text-align:center">I.</h1>

Fondation de la bibliothèque, son accroissement sous le régime des Princes - Evêques de Bâle.

(De 1590 à 1792.)

Le 12 juillet 1590, Jacques-Christophe de Blarer, de Wartensee, écrivait au général des Jésuites, à Rome : « *In penuriâ pastorum idoneorum et doctorum*, etc....... Je manque de pasteurs capables et instruits pour combattre l'hérésie, mettre en vigueur les bonnes mœurs, et faire fleurir la chasteté de la vie religieuse.... Envoyez-moi six pères de votre compagnie pour travailler à cette œuvre, et dans l'intervalle, j'examinerai s'il est opportun de fonder un collége. »

Sous la même date, il faisait au nonce apostolique en Suisse un affligeant tableau de la dégradation intellectuelle et morale de son peuple, et mettant en cause les devoirs que lui imposait son épiscopat, il ajoutait avec une pastorale énergie : « Je ne puis laisser ce peuple dans l'ignorance perpétuelle de ses devoirs religieux ,.... *(in perpetuis tenebris et in crassâ dogmatum christianorum ignoratione....)*, car pour lui je ne suis point un pasteur mercenaire.... *pastor enim horum populorum ego non mercenarius.* » Puis, passant en revue les seuls moyens qu'il eût à sa disposition : « A tant de maux, disait-il, je ne vois point d'autre remède que d'appeler des missionnaires jé-

suites qui jugeront par eux-mêmes s'il est opportun de fonder un collége. »

Le même jour encore, Christophe de Blarer mettait le
père provincial de Souabe *(Sueviœ)* dans la confidence
de ses peines et de ses projets. Sa lettre nous offre ce triste
mais curieux passage qui stigmatise l'indolence déplorable
du clergé catholique à cette époque : « Notre Allemagne,
dit-il, abonde en ecclésiastiques ; mais je ne sais par quelle
fatalité elle en fournit un si petit nombre de pieux, d'instruits
et de capables à remplir les fonctions que j'aurais à leur
confier. Je m'évertue depuis longtemps à me procurer des
pasteurs à même de retenir dans l'esprit de religion ceux
de mes sujets qui s'en écartent, mais je n'en trouve
point..... Les ecclésiastiques recherchent de préférence
le siége des cathédrales ou des églises qui n'ont point
charge d'ames.... *Sed neminem, proh dolor ! qui esurien-*
tibus panem salutis et vitœ frangere velit, reperio.... » [1].

Telle était la situation intellectuelle et morale de l'évêché de Bâle, vers la fin du 16e siècle, situation découra-
geante qui légitimait les mesures efficaces que prit Christophe de Blarer pour l'améliorer. Son but avéré, en fon-
dant le collége de Porrentruy, était d'éclairer et d'instruire
son peuple, de former des ecclésiastiques capables et de
résister ainsi aux envahissements de la réformation. Ses
démarches à Rome eurent un plein succès, et dès le 9
mai 1591, tous les arrangements étaient pris avec la société des jésuites et les conditions arrêtées pour la fondation et l'entretien de cet établissement ; le pape Clément
VIII les ratifia par une bulle datée du 29 avril 1593.

Aux termes des conventions, l'enseignement devait com-

---

[1] Les minutes de ces lettres, tracées de la main de Christophe de Blarer,
existent encore dans les archives de l'Evêché. — On peut consulter aussi :
Agricola, Historia societatis Jesu, provinciœ Germaniœ superioris, tomes
I et II. *Basilea sacra,* page 391 et suiv., etc.

prendre cinq classes jusqu'à la Rhétorique inclusivement. Indépendamment du latin et des autres branches d'études, les professeurs devaient connaître l'allemand et principalement le français. Le Prince-Evêque prenait à sa charge la construction des bâtiments nécessaires, la fourniture du mobilier et la création d'une *Bibliothèque*. L'acte de fondation énumère les revenus assignés à ce nouvel établissement d'instruction publique ; ils consistaient dans la jouissance du prieuré de Miserez, beau domaine qui s'étendait sur le territoire des communes de Charmoille et de Miécourt, et de certaines dîmes en Bourgogne ; dans une rente annuelle de 2,000 florins du Rhin à prélever sur les intérêts de 40,000 florins que l'Etat de Soleure devait à l'Evêque. Le chapitre de St-Ursanne contracta l'engagement de payer chaque année à ce collége une somme de 125 livres de Bâle et dix bichots d'épeautre [1]. L'abbaye de Bellelaie le dota de la même rente en céréales, à prélever sur ses dîmes à Damphreux. Ces revenus s'augmentèrent encore par des legs et des acquisitions successives.

Christophe de Blarer n'attendit point que les bâtimens destinés au collége fussent élevés, pour ouvrir des cours publics. Dès le 11 octobre 1591, les jésuites enseignèrent les quatre classes inférieures dans une maison particulière ; la rhétorique y fut annexée l'année suivante. C'est à cette date qu'il faut reporter la formation du noyau de la bibliothèque : un des ouvrages qui en fit partie d'abord, fut la bible polyglotte d'Anvers exécutée par Plantin ; elle porte en effet l'épigraphe accoutumée : *Collegii societatis Jesu Bruntruti,* avec la date 1595. L'origine de cette collection

---

[1] La livre de Bâle valait 12 batz, soit 36 sols tournois, ou 1 fr. 78 cent. Le *bichot* comprenait 24 boisseaux ou mesures dites *penals* du Prince. Ce boisseau contenait un décalitre et huit litres, en expression décimale, 17 lit. 52. Le bichot formait donc quatre hectolitres et deux décalitres ; en expression décimale, 420 lit., 44.

est donc antérieure à l'édifice qui la renferme aujourd'hui.

Si l'on en croit l'auteur de la *Basilea sacra* [1], le Prince-Evêque n'aurait pas fondé ce collége sans rencontrer une vive opposition de la part du conseil et de la bourgeoisie de Porrentruy. Les citoyens redoutaient l'influence d'un établissement aussi important qui aurait pu les absorber au profit de la cour , au détriment de leurs franchises. Christophe de Blarer , ajoute le même auteur, les menaça de transporter les marchés et les assises à Alle , de ceindre de murs ce village et d'y bâtir un collége. La résistance céda sous le poids des menaces.

Cette assertion répétée par tous les copistes du P. Sudan , est complètement erronée ; les documens authentiques qui nous restent la réduisent à l'état d'une adulation de mauvais goût à l'adresse de la cour épiscopale et d'une provocation à la discorde lancée à la bourgeoisie. Non seulement la population de cette ville ne fit point d'opposition , mais elle contribua de tous ses moyens à la réalisation des projets du Prince-Evêque.

La ville acheta le terrain sur lequel est construit le gymnase , le céda gratuitement, et fit élever ce bâtiment à ses frais. Elle fit également l'abandon de tout l'emplacement qu'occupent les autres constructions , et contribua pour une large part aux dépenses du bâtiment du collége proprement dit. La fourniture des bois de charpente, coupés dans les forêts de différentes communes de ce district, en vertu du droit que possédait la ville d'y prendre tous les bois nécessaires aux constructions et aux réparations des bâtimens publics , fut acquittée par elle, de même que les frais de voiturage. La seule condition que réserva le conseil de ville, c'est que les constructions fussent dirigées de manière à ne point rompre le mur d'enceinte ni

[1] Page 392.

les fossés, afin que la cité fût à l'abri d'un coup de main , dans cette époque d'invasions continuelles. Par cette réserve , le conseil prenait une mesure de sécurité publique; et les batteries suédoises qui en 1636 canonèrent le collége , formant le côté faible de l'enceinte, ont démontré que cette condition était opportune et fondée [1].

Christophe de Blarer posa la première pierre du bâtiment principal le 27 août 1596 [2] et les jésuites en prirent

[1] On peut consulter à ce sujet le livre des *Missions* (dépenses) de Porrentruy, de 1590 à 1598 , qui se trouve dans les archives de cette ville. On y trouve le détail des dépenses supportées par cette localité dans la construction des bâtimens du collége. Voici comment il rend compte de la cession d'une partie du terrain :

« Le dix-huitième de décembre (1589), suivant que la bonne grâce de Monsignour l'évesque s'estoit donné entendre que le coliége des jésuistes seroit plus comode de dresser enson la ville que à bourg , à cause des maisons qu'il fauldroit desmollir ou abbastre , que seroit un gros costange , et que , avec l'argent qu'il en donneroit, pourroit quasi dresser ledit coliége : donc se donnoit entendre qu'on lui devroit faire présent de la courtine d'enson la ville ; et pour affaire , lui-mesme avait mandé mons. le maitre-bourgeois Germain Gindre à diné , auquel il avait fait telles et semblables propositions. Qu'en ces occasions , ramassé Messieurs des trois conseils et les douze notables de la commune , pour avoir d'eulx leurs advis et consultations , lesquels étant amassés , et après leur avoir donné entendre la volonté et désir de sa dite grâce , et qu'iceulx connurent unanimement qu'on la pouvoit bien gratiffier d'austant , attendu que ce n'étoit qu'ung chésal et que la cour le faisoit à l'honneur , proffit et félicité de touste la ville. Donc Messieurs allèrent rendre ce compte à sa dite grâce et lui faire présent de la dite courtine ; ce qu'il accepta agréablement. Et à retour , furent diné par ensemble sur la maison de céans (l'Hôtel-de-ville.)

(Le dîner) a cousté. . . . . XXXV. sols II den. »

Ce récit officiel du temps détruit sans le secours de plusieurs autres que nous offre le même recueil l'assertion de la *Basilea-sacra.* On y voit encore sous la date du 22 mars 1595 , que le magistrat céda provisoirement aux professeurs une salle spacieuse dans un bâtiment public , destinée aux exercices intellectuels et aux leçons de musique pour les élèves, aux jours de fêtes et de dimanches.

On voit encore aujourd'hui les traces du ravage des boulets dans la charpente de l'église du collége : on a figuré en relief sur la pierre ceux qui endommagèrent l'angle Sud-Est : il y en a douze.

[2] Le livre des missions déjà cité, rapporte ainsi cette circonstance : « Item,

possession le 28 août 1604. Les frais de construction s'élevèrent à la somme considérable de 123,146 livres de Bâle. [1]

L'activité prodigieuse que déploya Christophe de Blarer pour mener à bonne fin ces vastes constructions, au milieu de tous les embarras de son règne, témoigne hautement de son vif intérêt pour la culture intellectuelle et morale de son peuple. Si de rares critiques, mus par des considérations plus temporelles que religieuses ont voulu ternir l'éclat de son mérite éminent, déverser le blâme sur son œuvre utile, ils n'ont pu ravir à ce prince un rayon de sa gloire qu'en l'associant à cette question brûlante, allumée par la verve de Pascal, étouffée quelque temps et parvenue de nos jours à son plus haut degré d'effer-

le 27 du mois d'aoust (1596), que la bénédiction fut faite, par Monseignour l'Evesque de Basle notre Prince, du coliége et esglise nouvellement à bâtir, et dont sa dite grâce posa la première pierre des fondements ; et fist un exhortation vocale où que assistèrent Messieurs du conseil. Et après ce, pour une perpétuelle mémoire furent diné par ensemble céans,

et fut costant . . . . XII. sols IIII den. »

A cette époque, toutes les vacations du conseil étaient couronnées par un dîner à l'Hôtel de ville ; cet usage s'est maintenu longtemps.

[1] P. Voisard. *Histoire de l'Evêché de Bâle.* (manuscrit.) Cette somme est énorme, si l'on compare le prix de la main d'œuvre, et la valeur relative de l'argent d'alors à la valeur et aux prix actuels. Le même livre des *Missions* nous fournit tous les renseignements désirables à ce sujet. En 1592, on payait à Porrentruy dans la construction du gymnase :

La toise carrée de maçonnerie.	50 sols
Le cent de tuiles.	10 »
Le cent de grandes briques.	1 L. 12 »
Les rames d'une croisée.	» 15 »
Les ferremens d'idem.	» 15 »
Une bille de planches	3 L. »
Une voiture de bois à former des ponts ou échaffaudages à maçonner.	24 sols 6 den.
La journée d'un voiturier avec deux chevaux. . . .	25 »
» » d'un charpentier.	5 »
» » d'un maçon.	5 »
Une *fournée* de chaux.	20 »

vescence. Aux yeux de l'histoire impartiale ; considérée
de son véritable point de vue ; entourée d'une foule de
circonstances étrangères à l'objet de ce rapport qui pro-
voquèrent cette création, l'œuvre de Christophe de Blarer ne paraîtra jamais qu'un grand acte de patriotisme.
Si un blâme sévère doit flétrir l'administration politique,
civile et religieuse de quelques évêques de Bâle, ce n'est
pas sans doute celle d'un prince qui, sans augmenter les
charges publiques, sut créer des ressources dans un Etat
ruiné, paya toutes les dettes de ses prédécesseurs, disci-
plina son clergé par les statuts synodaux de Delémont,
ouvrit de grands établissements d'instruction publique,
fonda une imprimerie, construisit de vastes édifices, des
hauts-fournaux, exploita nos mines de fer oubliées et laissa
l'Evêché dans une situation florissante, inconnue avant
lui. Il est certes bien regrettable que ses successeurs
n'aient point apporté dans les branches de l'enseignement
les améliorations que réclamaient les besoins de la population et les progrès des sciences et de la littérature. En
1773, le plan d'études du collége était encore le même
qu'à l'époque de sa fondation ; seulement quelques classes
supérieures avaient été ajoutées à celles qui existaient dé-

La construction et la fourniture d'un poêle (fourneau) renfermant 203
pièces de faïence (cauquelles) non compris les pièces angulaires, *le tout
monté* ,... 5 liv. 6 sols 6 den.

L'inscription mutilée en 1793 que porte le fronton du collége offre la
date de 1603. Elle doit être ainsi rétablie :

IAC· CRISTOPH· BLARER· A· WAR=
TENSEE· DEI· GRATIA. EP. BASILIEN·
OPTIMI· PRICIPIS· MEMORIÆ· COM=
MVN· PATR· POP· SALVTI· CONSVLE·
HOC· SOCIETATIS· IESV· COLLE=
GIVM· EXPENSIS· MVNIFICIS. E·
SOLO· EXTRVXIT· DOTA=
VIT· ANNO· POST. XPM·
NATVM· M· D· CIII·

jà. Dans ce pays de race française, on ne parlait qu'allemand et latin au collége; le *patois* alternait à la Cour
avec l'idiôme germanique alsacien qui était devenu la langue officielle. Nous n'avions point de littérature; les
sciences exactes étaient totalement négligées dans l'enseignement. Mais ce n'était pas ainsi que l'avait compris le
grand homme que la postérité reconnaissante a nommé le
Restaurateur de l'Evêché: sa pensée vaste et patriotique
n'avait trouvé dans ses successeurs que d'inhabiles interprètes. Revenons à notre sujet.

Le local destiné à recevoir la bibliothèque avait été probablement ménagé dans l'exécution du plan des bâtiments
du collége; elle occupait (jusqu'en 1837) la salle supérieure du local actuel. On avait eu la précaution de n'y
pas multiplier le passage des cheminées, si nombreuses
dans les autres parties de l'édifice. Une seule y avait été
tolérée; déguisée sous des boiseries élégantes, elle formait avec une armoire de même apparence un encadrement symétrique à la porte d'entrée. Celle-ci occupait
l'espace rempli maintenant par les sections IX et X et
supportait l'épigraphe qui a été maintenue sur la porte
actuelle: FAMAE MORTUORUM. - SUBSIDIO VIVO
RUM.

L'écusson armorié de Christophe de Blarer qui rehausse les couvertures vermoulues de quelques volumes indique suffisamment qu'il fut le premier, sinon l'un des
principaux donataires[1]. Son zèle généreux trouva de
nombreux imitateurs au sein de la noblesse de la cour
épiscopale et dans la bourgeoisie. La plupart des dons sont
néanmoins trop insignifiants pour être signalés; nous ne
citerons que les suivants:

En 1604, Henri Vergier et son épouse née Lovin firent

---

[1] Donum adjecit insigne multos pro Bibliotheca libros. *Agricola. Histor.*
Soc. Jesu. tom. II. page 70.

présent au collége de quelques volumes , d'une lampe d'argent et de la belle propriété de la *Schliff.*

En 1620, le Prince-Evêque Guillaume Rinck de Baldenstein fit don à cette collection des commentaires du P. Lorinus sur les psaumes, etc. , en 8 volumes in-folio, en considération d'un ouvrage ascétique que lui avait dédié son auteur , le P. Balthasar Chavasse , professeur au collége de Porrentruy [1]. Dix ans plus tard , Jean Moingenat , chanoine de St-Michel dans cette ville , auteur d'un livre ascétique intitulé *Jonas fluctuans* [2], légua plusieurs volumes à cette bibliothèque naissante, notamment les opuscules de St. Thomas et son traité *contra gentiles ,* en deux volumes in-folio.

En 1691 , André Schutz de Pfeilstadt , chancelier de l'Evêché fit un legs au collége d'une somme de 3,973 livres, outre 60 livres bâloises données à la bibliothèque.

Indépendamment des dons que recevait ce dépôt scientifique et littéraire, de nouvelles acquisitions augmentaient successivement ses richesses. Les revenus fixes de la bibliothèque consistaient en une rente annuelle de 63 livres de Bâle dont 37 étaient payées par les Etats de Bavière. Les jésuites , qui avaient la libre administration de la fortune du collége, joignaient encore à cette ressource le fruit de leurs économies qui devaient être assez importantes, eu égard aux revenus dont ils jouissaient et à la frugalité de leur genre de vie. A la fin du 17e siècle, cette bibliothèque avait pris assez d'extension pour nécessiter la création d'une charge de bibliothécaire. *(Præfectus bibliothecæ.)*

Outre la bibliothèque principale , un dépôt de livres

---

[1] Cet ouvrage est intitulé: *De vera perfecta que prudentiâ seu de perfecto virtutum usu.* Ingolstadt. 1620. Deux tomes in-12. L'auteur était originaire de Savoie ; il mourut à Porrentruy , dans un âge très-avancé.

[2] Imprimé à Porrentruy 1662. in-4°.

classiques avait été formé dans le bâtiment du gymnase ; son but se résume dans l'épigraphe qui lui était affectée : *Commodo divitum. Subsidio pauperum.* Les élèves indistinctement y recevaient les livres nécessaires et même utiles pour la fréquentation des cours , et les rendaient à la fin de chaque année scolaire. Les étudiants riches payaient une petite rétribution ; les pauvres en étaient exempts [1].

Chaque professeur avait également à son usage un certain nombre de livres du collége , faisant partie du mobilier de sa chambre. Une légende inscrite au titre de chaque volume en indiquait le possesseur temporaire. Ainsi les ouvrages au service du professeur de droit canon portaient cette légende , qui variait suivant les fonctions du détenteur : *Pro cubiculo professoris SS. Canonum.*

Un caveau fermé d'une porte de fer avait été pratiqué au premier étage , à côté de l'escalier du bâtiment principal ; il renfermait les archives de l'établissement , les titres de ses propriétés, etc. On y voyait des registres où étaient notés jour par jour les événemens les plus saillans survenus dans l'Evêché de Bâle et dans l'intérieur du collége. Ces précieuses éphémérides ont été dispersées en 1793 ; il ne nous reste de ces archives que les livres de comptes relatifs à l'économie de la maison durant la dernière moitié du 17e siècle et la première du 18e.

Les malheurs qui accablèrent l'Evêché pendant la guerre de 30 ans ralentirent le développement rapide qu'avait pris la bibliothèque. Le personnel du collége fut expulsé en 1636, cet établissement livré à la merci d'une soldatesque avide ; cependant il ne paraît point que la bibliothèque ait souffert des nombreuses déprédations que les Suédois

---

[1] Le duc Guillaume de Bavière légua par testament 1600 florins qui produisaient un intérêt annuel de 80 florins en faveur des étudiants pauvres du collége de Porrentruy. Les jésuites avaient la libre administration de ce revenu. *Histor. soc. jesu.* tom. II.

commirent dans l'intérieur même du collége, car il nous reste un grand nombre d'ouvrages précieux qui faisaient partie de cette collection, avant cette époque de calamités publiques [1]. La guerre, la peste et la famine interrompirent fréquemment les études après le retour des jésuites, et ce collége ne reprit guère son cours régulier qu'en 1652, sous le prince de Schönau. D'autres circonstances contribuèrent encore à restreindre les dons volontaires qui auraient indubitablement enrichi notre collection de livres. Une bibliothèque fut fondée au château pour le service de la cour épiscopale ; une autre dans le couvent des capucins de cette ville, institué par l'évêque Jean Conrad de Roggenbach, en 1658. Celle-ci reçut entre autres un don d'au moins 300 volumes de M. Lachausse de Porrentruy, médecin à Strasbourg.

En 1716, le Prince-Evêque Jean-Conrad de Reinach-Hirspach fonda un séminaire dans le bâtiment qui porte ce nom, adjacent au gymnase [2]. Une bibliothèque y fut

---

[1] Les circonstances de l'expulsion des jésuites sont décrites dans le tome V de l'ouvrage précité, page 359 et suivantes. On peut consulter aussi le manuscrit assez connu dans l'Evêché sur la guerre des Suédois, attribué au P. Sudan, auteur de la *Basilea sacra.*

[2] L'inscription qui surmonte la porte d'entrée du bâtiment du séminaire offre la date de 1605. Elle est ainsi conçue :

IAC· CHRISTOPH· BLARER· A WARTE-
SEE· DEI· GRA· EPS· BASIL· IVVENTVTI· NOB-
ILI· ALENDAE. BON· MOR· ERVDIEDÆ· HON·
LITT· INSTRVEDÆ· HANC· DOMV· AD· PER-
PET· POSTER· MEMORIAM· SVMPTV· LIBE-
RALI· ÆDIFICAVIT· ANNO· DNI· MDCV.

L'expression *nobili juventuti* doit être entendue dans un sens général, si on la reporte aux règnes de Christophe Blarer et de son successeur Guillaume de Rinck. Le premier avait fondé douze bourses en faveur d'étudians pauvres qui étaient entretenus et logés ; elles furent converties plus tard au profit d'enfans *nobles* qu'on appelait *pages.* A la suite de cette innovation secrète,

2.

de même établie et dotée d'un capital de 470 livres de Bâle, dont les intérêts étaient consacrés à l'acquisition d'ouvrages.

Cette multiplication de bibliothèques dans une petite localité ne s'effectuait point sans détourner l'attention publique de celle du collége ; néanmoins, à la suppression des jésuites, en 1773, elle renfermait de sept à huit mille volumes. Les ouvrages de théologie en formaient la partie prédominante ; toutes les divisions de cette science y étaient largement représentées. On y trouvait de nombreuses éditions de la Bible et la plupart des commentaires écrits par les jésuites ; les œuvres complètes de plusieurs Pères de l'Eglise ; différents ouvrages relatifs aux conciles, à la liturgie catholique ; un grand nombre de traités de théologie dogmatique et morale ; la plupart des casuistes et une foule d'opuscules ascétiques et de polémique religieuse. Les sermonaires français y étaient rares, mais abondants en latin.

La section de droit canon était de même amplement pourvue.

Celle d'histoire ecclésiastique présentait les principales sources de cette branche ; à part un petit nombre d'ouvrages encore très-estimés, l'histoire profane, la géographie, les sciences physiques et mathématiques n'offraient généralement que des productions médiocres.

La philosophie se réduisait aux œuvres d'Aristote, accompagnées de la plupart de ses commentateurs jésuites.

La littérature grecque et latine renfermait toüs les classiques anciens ; quelques auteurs de la Renaissance, et un grand nombre de traités de poésie et de philologie latine.

on distribua du pain aux élèves pauvres jusqu'en 1792, en transformant ainsi la bienfaisance rémunérative en humiliante aumône. Le nombre des étudians nobles était très considérable : en 1605, sur 400 élèves, ce collége comptait un comte, cinq barons et soixante dix nobles de vielle roche (*vetusti stemmatis*). *Histor. Soc. Jesu.* tom. III. page 200.

En général, les éditions étaient assez mauvaises; elles sortaient presque toutes des presses allemandes de Cologne, d'Ingoldstadt, ou de Munich; il y en avait fort peu de françaises, d'italiennes ou de flamandes; un certain nombre de Froben et d'Henri Pierre, de Bâle. Celles qui ont conservé quelque mérite bibliographique, sont les éditions du 15ᵉ siècle, dont quelques-unes sont aujourd'hui très-rares.

Les reliures étaient simples et sans luxe; les éditions du 16ᵉ siècle étaient reliées en peau de sanglier, gaufrées, sur couvertures en bois, avec fermoirs en laiton. Celles du 17ᵉ, en simple parchemin sur carton; quatre tresses fixées aux angles de la couverture remplaçaient les fermoirs. Les titres au dos des livres étaient peints à la main, en noir sur un fonds blanc de ceruse. Cette bigarrure devait donner à l'ensemble de la bibliothèque un aspect triste et désagréable. Les reliures en veau avec titres dorés ne commencèrent à y paraître que dans le 18ᵉ siècle.

Cette collection n'était point publique et servait exclusivement à l'usage des professeurs, qui avaient la faculté d'y prendre les ouvrages dont ils avaient besoin, moyennant laisser leur nom dans la case du livre emporté. Il n'en existait point de catalogue; du moins on n'en retrouve aucune trace.

La suppression de l'ordre des jésuites, en 1773, nécessita la réorganisation du collége par le prince Simon Nicolas de Montjoie; quelques anciens membres de cette compagnie et des ecclésiastiques séculiers formèrent le personnel de cet établissement. Ses biens furent réunis aux domaines de l'Evêché et administrés par une commission nommée par le Prince-Evêque, qui prit le nom de *Bureau du collége*[1]. D'autres établissements d'instruction confiés

---

[1] On trouve dans le *Freymüthige*, journal mensuel qui s'imprimait à Fribourg en Brisgau, troisième livraison de 1782, un article relatif à la réorgani-

aux jésuites tombèrent à la suite de la mesure qui les frappait ; de ce nombre fut le collége d'Ensisheim en Alsace, qui possédait une bibliothèque bien choisie dont les ouvra-

sation du collége de Porrentruy. Son personnel enseignant comprenait un principal, un préfet, trois professeurs de théologie, deux professeurs de philosophie et cinq pour les classes inférieures. Ces professeurs étaient :

Fr. Ris, principal, conseiller épiscopal, bibliothécaire, donnant trois fois par semaine des répétitions de droit canon.

Arbogast Buol, docteur en théologie, enseignait la théologie dogmatique ; le cours devait être dicté aux élèves et rédigé par le maître.

Fr. Rosé, docteur en théologie, professait également cette branche.

Jn. Bap. Falcino, conseiller épiscopal, enseignait la théologie morale d'après Gab. Antoine.

Joseph Gouvié, la physique d'après Horwath.

Henri Moutel, préfet des classes inférieures, la logique et la métaphysique d'après Horwath.

J. B. Blanchard, la 2e de rhétorique d'après Goldhagen.

Jos. Cuenin, la 1re de rhétorique, ou humanités, d'après le même auteur.

Ant. Vautier, la syntaxe.

Humbert Voisard, auteur d'une histoire manuscrite de l'Evéché de Bâle, enseignait la grammaire.

J. B. Richard, les rudimens d'après l'ouvrage qui a pour titre :
Institutiones studiorum in usum scholarum. Soc. Jesu provinciæ ad Rhenum superiorem.

L'étude du grec avait été suspendue, par le Prince-Évêque. L'enseignement des mathématiques était à peu près nul. Le plan d'études prescrit au professeur de Rudimens d'enseigner à ses élèves *la numération et l'addition avec sa preuve d'après les règles modernes* ; au professeur de grammaire, la *soustraction avec sa preuve après avoir fait répéter l'addition* ; à celui de syntaxe, de reprendre les deux premières et d'y *ajouter la multiplication avec sa preuve* ; à celui d'humanités de joindre *la division avec sa preuve* aux précédentes ; au professeur de rhétorique, *d'ajouter aux règles d'arithmétique exprimées ci-dessus celle appelée la règle de trois*. Tel était le programme des cours de mathématiques. L'année scolaire commençait au premier novembre, finissait au 20 août pour les hautes classes, et au 8 septembre pour les classes inférieures. Le professeur de Rudimens conduisait ses élèves jusqu'à la première de rhétorique, et recommençait une nouvelle période ; le professeur de rhétorique conservait également ses élèves pendant deux années. A la fin de chaque année scolaire, et avant la distribution des prix les élèves donnaient la représentation d'une pièce de théâtre en allemand et en français. Le nombre des prix dans les cinq premières classes était de 27. On peut consulter aussi : *Règlement pour le collège de Porrentruy*, du 16 octob. 1773, et *Plan d'études pour les humanités et la philosophie*, du 20 mars 1774, imprimés dans cette ville.

ges furent vendus et disséminés. Notre collection en possède un certain nombre de cette provenance, dans un état de conservation satisfaisant. La plupart se distinguent par le choix des éditions et la propreté des reliures. Nous citerons parmi les plus remarquables:

La Bible polyglotte, de Le Jay, en 10 vol. grand in-fol., l'un des chefs-d'œuvre de la typographie parisienne, exécuté par Antoine Vitré qui fit jeter à la fonte les caractères des langues orientales mis en usage dans cette impression, afin que personne ne pût s'en servir après lui.

La Bible, dite *Biblia maxima*, en 19 vol. in folio. L'ouvrage intitulé *Bibliotheca maxima patrum veterum*, etc., en 27 vol. in folio.

Les œuvres de St. Thomas d'Aquin, 20 tomes en 16 vol. in-folio, celles de St-Jean Chrysostôme, etc.

Une édition très estimée des œuvres de Cicéron, par Coignard, en 9 vol. in-4°, etc., etc.

Ces ouvrages portent sur le titre la légende manuscrite : *Collegii Societatis Jesu Ensisheimiani catalogo inscriptus.* C'est la plus importante acquisition qui ait été faite jusqu'alors simultanément ; nous ignorons de quelle manière elle fut opérée.

Dès cette époque, jusqu'en 1788, il serait bien difficile de déterminer les ressources de la bibliothèque et d'apprécier exactement les sommes qui lui furent affectées ; les documens qui auraient éclairci cette question ne sont pas arrivés jusqu'à nous. Des pertes immenses de livres, une dilapidation prolongée, l'absence totale de catalogue aggravent encore cette lacune. A en juger par un certain nombre d'ouvrages qui nous sont restés, il paraîtrait cependant que cette collection eut une large part dans le budget du collége. Nous ne citerons que l'acquisition du recueil des Bulles, publié à Rome et comprenant la période de à 550 1758. Le choix des livres était fait par le bureau d'administration ; le bibliothécaire n'avait qu'une faible compétence, limitée par l'article 55 du règlement du collége, promulgué en 1773 par le prince Simon-Nicolas de Montjoie.

« Nous nous réservons, dit-il, de charger un suppôt (fonctionnaire) du collége du soin de la bibliothèque, sous la dénomination de bibliothécaire, lequel sera comptable au bureau de la recette des revenus de ladite bibliothèque, et qui ne pourra faire une dépense excédant douze livres valeur de Porrentruy, sans y avoir été autorisé par le bureau. »

Par un règlement additionnel, du 29 septembre 1775, le prince Frédéric de Wangen restreignit l'usage de cette collection ; l'article II s'exprime ainsi : « Les suppôts du collége pourront faire usage des livres de sa bibliothèque ; mais il n'en sera transporté aucun dans les chambres particulières que contre un reçu qui sera déposé entre les mains du bibliothécaire et à charge de rapport. »

Cette mesure rigoriste avait été motivée par une tolérance qui s'était insensiblement introduite de prêter des ouvrage à domicile aux élèves et aux personnes étrangères au collége, abus souvent désastreux qui entraîne à la longue la ruine d'une bibliothèque ou qui nécessite de grands sacrifices pour en réparer les inévitables effets. Les ouvrages passant ainsi de mains en mains, sans rentrer dans la bibliothèque, se délabrent, se sâlissent et se perdent ordinairement sans aucun recours. L'expérience nous a enseigné qu'on ne peut apporter trop de soins minutieux à la conservation intégrale d'une bibliothèque, et que le dépositaire ne doit jamais laisser sortir un volume sans la certitude réelle qu'il sera rendu scrupuleusement par la personne qui l'emprunte. Toutes les mesures conservatoires, prises en dehors de ce principe général, demeurent infructueuses dans la pratique.

La bibliothèque continuait à recevoir de temps en temps quelques dons assez considérables, indépendamment des acquisitions faites à prix d'argent. Le prince Simon-Nicolas de Monjoie l'enrichit d'un certain nombre d'ouvrages précieux, entre autres de l'*Antiquité expliquée* de B. de Montfaucon. Mais le plus riche cadeau qu'elle ait reçu, durant le régime épiscopal, est celui de 1760 volumes qui formaient la bibliothèque du château de Porrentruy. Le prince Joseph de Roggenbach les fit transporter au collége le 12 novembre, 1787.

Ce don comprenait un choix d'excellents ouvrages, parfaitement conservés. Au nombre des plus remarquables se trouvent :

Les œuvres complètes de St. Augustin, de St. Bernard, éditions des Bénédictins ; plusieurs bibles en différentes langues ; celle de Dom Calmet en 14 vol. in-4° ; un grand nombre d'ouvrages de théologie scholastique, morale et ascétique; plusieurs sermonaires; différens corps de droit canon, entre autres ceux de Gibert, Fagnan, Barbosa, Gonzalès, Wiestner, etc.

Plusieurs ouvrages de géograhie ancienne et moderne ; *Cluver*, *Sicilia antiqua*, Robert, etc.

La collection historique intitulée *Theatrum Europeum*, de 1617 à 1718, en 21 volumes in-folio. Les cours d'histoire de Rollin, Crevier, Lebeau, les mémoires de Sully, l'histoire de France du P. Daniel, celle de l'église gallicane du P. Longueval; d'Angleterre par Rapin de Thoiras, le dictionnaire de Bayle, le 1er volume de *l'Alsatia illustrata* offert au Prince-Evêque par son auteur Daniel Schöpflin, etc., etc.

Une collection de pièces diplomatiques relatives aux traités de Westphalie, de Riswick, de Munster publiées par Dumont, etc. L'immense recueil diplomatique de Lünig, le *Lexicon diplomaticum* de Walther.

Plusieurs auteurs et historiens grecs , latins et allemands , le dictionnaire latin de Robert Etienne , celui de
Richelet, le *Glossarium germanicum* de Wachter, etc, les
œuvres de Fontenelle , les lettres de Mme de Sévigné , de
Mme de Maintenon , etc.

Quelques traités de mathématiques , de physique , d'histoire naturelle. d'économie rurale et d'architecture , par
les auteurs du Hamel , Réaumur , Pluche , Bélidor , De-
saguliers , etc.

La plupart de ces ouvrages portent à l'intérieur de la
couverture les armes du prince Simon Nicolas de Montjoie.
S'il est vrai que les penchants intellectuels de l'homme se
trahissent dans sa bibliothèque, on reconnaîtra facilement
dans ce choix le prince lettré, ami des arts, auquel Porrentruy doit ses plus beaux édifices.

Après cette fusion, les ouvrages doubles furent catalo-
gués; le nombre en fut porté à 572 volumes, parmi lesquels
on distingue : les œuvres complètes d'Origène, Tertullien,
St. Basile, St. Grégoire de Naziance, St. Athanase, St.
Jean Chrysostome, St. Justin , St. Jérôme, St. Augustin,
St. Ambroise , St. Hilaire, St. Bonaventure, St. Anselme,
St. Denys l'aréopagiste , St. Bernard, etc. ; plusieurs traités de théologie scholastique et morale , d'histoire ecclésiastique et profane, Rollin , Bossuet, Vertot, etc. Ces ouvrages ont tous misérablement péri , au commencement
de ce siècle.

Le Prince Joseph de Roggenbach prit ensuite des mesures pour assurer la conservation de la bibliothèque et lui
créer quelques ressources. Dans un règlement du collége,
de 1788, il s'exprimait ainsi, à l'article 27 de la section
première :

« Nous ordonnons que le bureau déterminera chaque
année, sur les revenus du collége, cent livres de Bâle dont
la moitié sera convertie en achat de livres pour la biblio-

thèque , et la moitié en achat d'instrumens servant aux expériences de physique , pour augmenter le *museum*. A cette fin le bibliothécaire , ainsi que le chef du museum donneront chaque année un état des livres et instrumens dont ils croiront faire l'acquisition respective , sur lequel état il sera délibéré par le bureau en leur présence. Moyennant quoi, les revenus particuliers de la bibliothèque seront et demeureront réunis à la recette générale du collége et seront perçus par le receveur. »

L'article 35 de la deuxième section du même règlement prescrivait les mesures disciplinaires, suivantes :

« Le sous-principal aura le soin de la grande bibliothèque du collége, en qualité de bibliothécaire, et il observera la teneur des articles 20 [1] et 27 de la section première. Cependant chaque suppôt du collége en aura une clé, afin de pouvoir ou lire ou étudier dans la bibliothèque. En accordant cette liberté aux suppôts , nous ne pouvons nénanmoins que prendre et prescrire les précautions les plus propres à prévenir le gaspillage et la destruction successive d'un dépôt aussi précieux que celui des livres conservés dans ladite bibliothèque. Pour cet effet, 1° nous défendons à chaque individu suppôt du collége, sous peine de suspension , d'emporter de la bibliothèque aucun livre, ni manuscrit en l'absence et à l'insu du bibliothécaire. Mais celui qui voudra transporter dans sa chambre des livres nécessaires ou utiles à l'objet de son enseignement ou de son emploi, sera tenu de les demander audit bibliothécaire , ou à celui qui le représentera en son absence, lequel les remettra contre un billet signé du suppôt qui recevra les livres, dans lequel seront énoncés le titre et les volumes qui auront été reçus, avec le jour , mois et an du reçu. Ce billet sera remis au sous-principal qui le conservera

---

[1] Cet article 20 ordonnait la confection d'un catalogue en double exemplaire.

dans sa chambre jusqu'au rapport du livre. 2° Nous défendons aussi à tout suppôt d'introduire aucune personne externe dans la bibliothèque, sans la permission du sous-
principal, laquelle, pour ne point altérer la tranquillité
de ceux du collége qui voudront s'y appliquer à l'étude,
ne pourra être accordée que rarement et en faveur des personnes qui ne s'y arrêteront point. 3° Et pour que les livres de la bibliothèque ne soient pas retenus trop longtemps
dans une chambre particulière, au préjudice de ceux qui
pourraient également en avoir besoin, nous défendons à
chaque suppôt de garder un livre de la bibliothèque, de
suite, au-delà d'un mois, sans une permission spéciale du
sous-principal, laquelle ne pourra être accordée que pour
un autre mois et encore pour une cause grave. 4° Défendons très-sérieusement tant au bibliothécaire qu'aux autres
membres du collége de prêter aucun livre de la bibliothèque à qui que ce soit d'externe et d'en distraire hors du
collége. Et lorsqu'un membre du collége, aura perdu égaré
ou gâté un livre appartenant à la bibliothèque, il sera tenu
à le remplacer, tellement que s'il perd, par exemple, un
tome d'un ouvrage consistant en six volumes, il sera obli-
gé de fournir le tome perdu ou de procurer à la bibliothèque les six volumes entiers, en recevant de la bibliothèque
les cinq qui accompagnaient le tome perdu. Le bibliothécaire ne pourra vendre ni échanger aucun livre de la bibliothèque sans les ordres exprès du bureau ; et lorsqu'il
voudra lui-même prendre quelques livres de la bibliothèque dans sa chambre, il ne le fera que du sû et en présence du préfet des études supérieures, auquel il remettra
son billet, et lequel le représentera pour l'office du bibliothécaire, autant de fois qu'il sera absent ou dans quelque
cas d'empêchement. »

Ce règlement contient encore de sages dispositions relatives à la formation du *museum* qui devait être composé

d'instruments de physique et de mathémathiques à l'usage
des cours. La conservation des archives et des titres du
collége renfermés dans un caveau spécial, n'avait pas été
oubliée. Le bureau de l'administration devait faire la vi-
site de ces collections tous les trois mois, afin de s'assurer si le règlement était ponctuellement observé, constater les détériorations et les nouveaux besoins.

Quelques dons encore préludent à la chute du régime
épiscopal qui nourrit dans sa propre cour ses ennemis les
plus opiniâtres. M. Gobel, suffragant de l'évêque de Bâle,
sous le titre *in partibus* d'évêque de Lydda et principal [1]
du collége de Porrentruy, dont le rôle politique et la fin
misérable se rattachent aux fastes sanglans de la terreur,
fit don à cette bibliothèque de quelques beaux volumes ;
M. Ris, ancien professeur, conseiller ecclésiastique du
Prince-Evêque, l'enrichit d'environ 160 volumes, entre autres de l'exposition des découvertes de Newton, d'une
partie des œuvres de Bonnet, etc. Les ouvrages brochés
qui formaient les deux tiers de cette donation, n'existent
plus dans notre bibliothèque.

La bibliothèque des élèves s'était aussi considérablement
augmentée. Les prix distribués à la fin de chaque année
scolaire consistaient principalement en ouvrages classiques
employés dans les cours que devait fréquenter l'année suivante l'élève qui était couronné; les étudiants riches les donnaient, après en avoir fait usage, à cette bibliothèque qui
fut appelée *Bibliotheca pauperum* et qui rendît de bons
services aux élèves que la fortune n'avait point favorisés.

Les mesures prescrites par le règlement de Joseph de
Roggenbach n'avaient pas encore reçu leur entière exécution ; le catalogue n'était point rédigé, lorsque le pays

---

[1] Les fonctions de principal étaient devenues à cette époque presque honorifiques. Elle ne s'étendaient qu'à la haute surveillance des études dans le
collége, et se bornaient à quelques visites d'apparat.

fut appelé à de nouvelles destinées dont la bibliothèque ressentit également les vices et les bienfaits. A cette date, elle devait contenir au moins 12,000 volumes ; nous verrons les dons considérables et le développement qu'elle reçut dans cette nouvelle période de même que les pertes immenses qu'une incurie coupable lui fit éprouver.

II.

Accroissement et pertes de la Bibliothèque depuis la Révolution française jusqu'à sa réorganisation, en 1837.

Les idées qui avaient enfanté la révolution française s'étaient rapidement propagées dans l'Evêché de Bâle, où il existait d'ailleurs de nombreux griefs et de puissants motifs de mécontentement public contre l'administration épiscopale. Le Prince-Evêque Joseph de Roggenbach, obsédé de cahiers de doléances et de réclamations sans fin qu'il n'osait repousser ouvertement, tout en évitant d'y faire droit, voulut éclaircir sa situation qui devenait de jour en jour plus critique, en appelant à son secours un corps de 500 autrichiens. Ces troupes vinrent occuper Porrentruy, le 19 mars 1791 et furent casernées dans les bâtiments du gymnase et du séminaire ; la salle de théologie fut tranformée en cuisines. Tel fut le premier coup porté à la prospérité du collége par la politique astucieuse d'un prince-évêque qui livrait ses concitoyens, la terre sacrée de la patrie, aux ignominies d'une soldatesque étrangère.

Treize mois plus tard, un corps de troupes françaises, aux ordres du général Custine franchissait nos frontières pour occuper les défilés du Jura ; l'évêque prévenu à temps de son arrivée quitta furtivement sa résidence avec ses Autrichiens, fuyant à la hâte un pays qu'il ne devait plus revoir.

Des troupes plus nombreuses occupèrent Porrentruy dans le courant du mois d'août 1792 ; le premier bataillon du Doubs fut logé dans le même local qu'avaient occupé les troupes impériales. Sous l'influence, et par le concours des soldats français, les derniers débris du régime épiscopal furent abattus ; le pays se constitua en état indépendant sous le nom de *République de la Rauracie* (22 nov. 1792). Ceux des professeurs qui voyaient à regret la chute du Prince-Evêque quittèrent le collége ; quelques-uns le soutinrent avec l'aide de nouveaux collègues. La bibliothèque principale resta intacte sous leur surveillance ; mais il n'en fut pas de même de la *Bibliotheca pauperum* reléguée alors dans le bâtiment du séminaire, converti en caserne et en corps-de-garde. Tous les ouvrages qui pouvaient offrir quelqu'intérêt aux militaires devinrent leur propriété ; ils n'épargnèrent que les classiques allemands ou latins, aux couvertures sàles et périclitantes.

La république rauracienne n'eut qu'une existence éphémère ; la discorde ne tarda pas à diviser un peuple livré à tous les tiraillemens des factions politiques, et la réunion de l'Evêché à la France fut offerte à la convention nationale qui l'accepta par un décret du 23 mars 1793, sous le nom de département du Mont-terrible.

L'administration départementale prit quelques mesures pour relever le collége qui s'écroulait de toutes parts au milieu de ce conflit d'opinions diverses ; la bibliothèque cessa d'être exclusivement destinée à l'usage de cet établissement et reçut le titre de bibliothèque nationale. M. Clerget, président de ce département fut nommé bibliothécaire et principal du collége. (16 décembre 1793).

Les décrets de l'assemblée législative des 9 février et 30 juin 1792, qui séquestraient d'abord et confisquaient ensuite, au profit de la nation, tous les biens des émigrés, reçurent leur exécution dans le Mont-terrible comme dans toute la France [1]. La loi du 8 pluviose an II ordonnait que les livres des corporations religieuses et de toutes les personnes comprises dans la liste des émigrés, fussent réunis aux chefs-lieux de leurs districts respectifs, pour y être inventoriés dans l'espace de quatre mois. L'inventaire devait être disposé en catalogue mobile, c'est-à-dire que le titre de chaque ouvrage devait être inscrit sur une carte distincte avec les observations y relatives ; puis classé par ordre alphabétique et envoyé à la commission bibliographique instituée près le comité d'instruction publique, à Paris. Cette commission, sur l'examen des inventaires, était chargée de répartir, dans toute l'étendue de la République, les ouvrages confisqués et d'opérer entre les différentes bibliothèques publiques les échanges qu'elle trouverait utiles et convenables. En vertu de ces dispositions, tous les livres des émigrés et des corporations religieuses du district de Porrentruy furent réunis au collége. M. Prudat, de Fontenais, fut nommé commissaire bibliographe, chargé d'en surveiller la translation et d'en dresser l'inventaire. Dans cette fusion furent enveloppés d'abord :

Tous les livres qui restaient encore au château de Porrentruy.

La bibliothèque considérable des capucins de cette ville.

Celle du séminaire.

Quelques ouvrages provenant des couvens des annonciades et des ursulines de cette ville.

---

[1] Le collége perdit ainsi tous ses biens. Réunis au domaine du Prince-Evêque à la suppression des jésuites, ils furent vendus comme domaines nationaux sous le directoire.

321 volumes formant les débris de la bibliothèque du couvent de Lucelle.

Les bibliothèques de nombreux émigrés , notamment de M. de Roggenbach, frère du Prince-Évêque ; de M. de Shönau , président ; de M. de Gléresse , chanoine ; de M. Vermeille, curé à Courtedoux ; de M. Bauer , de Mervelier, ancien supérieur du séminaire ; du curé de Pérouse ; de M. Jobin , etc., etc.

Le nombre de volumes réunis au collége , y compris la bibliothèque de cet établissement, était alors de 25,000, suivant un rapport officiel.

Le comité d'instruction publique déployait une grande activité pour hâter la confection des catalogues dans toute l'étendue de la république. Sur sa proposition, la convention rendit un décret, le 22 germinal au II (11 mars 1794) qui invitait les administrations des districts à lui rendre compte, dans l'espace d'une décade, du travail relatif aux inventaires de chacune des bibliothèques de leurs arrondissements respectifs ; le comité y joignit une instruction sur la manière d'inventorier et de conserver les objets utiles aux arts , aux sciences et à l'enseignement.

Quoique M. Prudat eût mis dans l'accomplissement de sa tâche toute l'activité convenable , son œuvre après huit mois de travail , ne se trouvait pas suffisamment avancée pour être l'objet d'un rapport satisfaisant. Il avait d'ailleurs forcément interrompu ses occupations dans la bibliothèque pour vaquer à la classification des archives où le désordre s'était introduit, au départ du Prince, qui en avait emporté une partie, et pour mettre en ordre celles qui étaient restées dans les bureaux , sans classement. L'administration de ce district reçut des réprimandes à cause de la lenteur qu'éprouvait la confection du catalogue mobile et fut invité à prendre les mesures nécessaires pour l'accélérer. Mais les hommes capables manquaient ; la plupart avaient

partagé l'émigration du Prince-Evêque; d'autres étaient déjà
employés dans l'intérieur de la République. Le pays pris
au dépourvu n'avait de ressources intellectuelles que dans
les jeunes gens ; quelques années encore étaient nécessaires
pour les instruire et les former. L'administration s'excusa
du mieux qu'elle put, et nomma un comité composé des
citoyens Lassue, Fredin et Gressot, professeur, chargés
de continuer le catalogue commencé par M. Prudat. La
décision relative à cette nomination est motivée d'une
manière assez curieuse, qui témoigne de l'aversion ridicule,
que ressentaient nos administrateurs envers une classe
d'ouvrages livrés plus tard à une déprédation bien fatale.
« Considérant, dit-elle, qu'il est important pour les générations futures qu'un dépôt si précieux soit conservé avec
soin et mis dans l'ordre demandé par la convention, afin
qu'on puisse avant peu échanger ces volumes épouvanta-
bles, enfantés par la théologie moderne, la philosophie aris-
totélicienne et les oiseuses querelles qu'elle a occasionnées
entre les philosophes anciens et modernes », etc.

Tel était l'anathème irrévocable lancé contre tous les
ouvrages qui respiraient une odeur de sacristie, comme
on disait alors. La proscription qui les frappait fut exécutée avec beaucoup de rigueur. Il est juste cependant de
faire observer que les membres du comité centrale d'instruction publique ne partageaient pas tous la même opinion. Les uns, les plus nombreux, adoptaient comme
moyen de régénération sociale, la ruine même des monumens
scientifiques et littéraires d'un passé, qui rappelait des
temps de priviléges intellectuels et civils ; les autres vou-
laient conserver toutes les œuvres de l'esprit humain, et
les transmettre intactes à la postérité, sans les lui offrir
pour modèles, mais plutôt à titre de renseignements com-
paratifs. Aussi l'administration du district recevait-elle
souvent des instructions contradictoires : tandis que le

président du comité d'instruction publique mettait à l'index révolutionnaire les théologiens , les scholastiques et les canonistes , des membres du même comité invitaient l'autorité supérieure du district à veiller soigneusement à la conservation des bibliothèques, des manuscrits, des archives, des cartulaires, des médailles, etc. M. Noël entre autres lui écrivait : « La commune de Porrentruy possède une bibliothèque précieuse, *celle des jésuites;* est-elle à l'abri de toute atteinte ? » [1]

Il résulta de cette divergence d'opinion un système de mesures mixtes, qui sans remplir les exigences inflexibles des uns ni les sages conditions des autres , furent néanmoins funestes à la bibliothèque.

Cependant le catalogue mobile ne s'effectuait pas avec la rapidité que réclamait le comité d'instruction publique ; l'incapacité des citoyens adjoints à M. Gressot , laissait sur celui-ci tout le fardeau de cette longue et pénible tâche.

[1] Plusieurs savans se récrièrent contre les actes de vandalisme qui dans l'espace de quelques mois ravirent aux arts, aux sciences et aux lettres des monumens dont la perte est irréparable. L'abbé Grégoire les flétrit à la tribune, tandis que les corps accadémiques les stigmatisaient par leurs écrits et dans leurs discours publics. Un mémoire de M. Ameilhon , lu à l'institut, en l'an IV , venge éloquemment : « cette classe de livres si décriés par une foule de gens qui les jugent sans en avoir jamais ouvert un seul. Rien de si commun, ajoute-t-il , que d'entendre dire tous les jours : que sert de conserver ce fatras de SS. Pères, que personne ne lira plus ? »

« Quand il n'y aurait plus d'ecclésiastiques pour les lire , ils seront toujours lus par les vrais savans, justes appréciateurs de leur mérite : ces savans n'ignorent pas que si ces livres nous manquaient, nous serions privés d'une multitude de connaissances précieuses ; ils savent que leurs auteurs ont sauvé du naufrage des temps un grand nombre de textes et de fragmens tirés d'ouvrages anciens dont nous regrettons tous les jours la perte , et parmi lesquels il en est qui , sans le secours de ces écrivains , seraient demeurés ensevelis dans un oubli éternel, puisqu'on n'en rencontre aucune trace ailleurs que dans leurs écrits. D'autre part, il faut observer que dans le nombre des Pères , et surtout de ceux de l'église grecque, il s'en trouve plusieurs dont les ouvrages sont des modèles de style et d'éloquence ; à ce titre seul, ils mériteraient d'être conservés. »

3.

On lui donna pour aide M. Seigner, qui n'avait point d'aptitude à ce genre de travail et dont le concours n'eût point d'effet appréciable. L'administration du district continuellement harcelée par le comité de Paris, alléguait pour sa justification, que notre département ayant été réuni le dernier à la France, avait reçu bien tard l'instruction relative à la confection des catalogues ; que par la même raison, les livres des émigrés, ceux des corporations religieuses étaient rentrés depuis peu ; que la bibliothèque en recevait chaque jour encore un grand nombre conformément à la loi ; enfin que la surveillance de cette collection confiée d'abord au directoire du département qui s'en était faiblement occupé, n'avait été remise au directoire du district que longtemps après.

Ces allégués étaient vrais, et la confection du catalogue réclamait beaucoup de temps et des connaissances spéciales en bibliographie. La moitié des 25,000 volumes était venue des différens cantons du district, chargée pêle-mêle dans des tomberaux ou des corbeilles ; c'était déjà une longue opération de rapprocher seulement les volumes d'un même ouvrage. Aux termes de l'instruction, le catalogue mobile devait présenter, sur une carte distincte, le titre détaillé de chaque ouvrage, son numéro, le nom de l'auteur, son prénom, celui du traducteur s'il y avait lieu ; le nom de l'imprimeur, la date et le lieu d'impression, le numéro du département où l'ouvrage était déposé, sa provenance, s'il était complet ou non, les volumes manquants, le format, l'état de la reliure et de l'intérieur des volumes, la qualité du papier, l'indication des gravures. Les cartes des ouvrages anonymes devaient être classées méthodiquement ; celles des auteurs connus, par ordre alphabétique; il fallait en outre en faire trois copies sous forme de registres dont un exemplaire restait à la bibliothèque ; le 2ᵉ aux archives départementales, le 3ᵉ était envoyé à Paris.

Après deux longues années de travail continu, les cartes formant le catalogue mobile de cette bibliothèque furent terminées et envoyées à Paris au comité d'instruction publique, le 11 messidore an III. (29 juin 1795) [1].

Le local affecté à la bibliothèque ne pouvant renfermer sans encombrement que 10 mille volumes, l'administration du district eut à s'occuper des moyens de l'agrandir. M. Prudat fut chargé de lui soumettre un projet, avec le devis des travaux nécessaires. Il fit à cette occasion les diverses propositions suivantes, indépendantes entr'elles.

1° De joindre l'étage supérieure à celui qu'occupait la bibliothèque, en supprimant le plafond qui aurait été remplacé par une galerie circulaire;

2° D'ajouter au local primitif, par la suppression des cloisons intermédiaires, le corridor et les appartements, ayant jour au midi, situés sur le plan horizontal de la bibliothèque;

3° De convertir l'église du collége en salle de bibliothèque et prolonger autour des parois intérieures la tribune supérieure existante, pour en former une galerie continue;

4° D'affecter enfin à cet usage l'église des Ursulines qui était alors bâtiment national.

Ces propositions accompagnées des devis approximatifs des dépenses reposaient dans les cartons du directoire du district, lorsque le célèbre Dupuis fut envoyé dans cette ville par le comité d'instruction publique, afin d'y organiser l'école centrale du département du Mont-terrible, accordée à cette commune par la loi du 18 germinal an II. (7 avril 1794). Ce savant s'occupa d'une manière spéciale de l'organisation de la bibliothèque. Sans s'arrêter aux pro-

[1] Les dépenses pour la confection du catalogue montèrent à 2764 fr. ainsi repartis : à M. Gressot 1020 fr. ; à M. Prudat 800 ; à M. Seigner 744 ; frais de fournitures pour catalogues 200.

jets déjà formulés, il proposa de consacrer à cette collection une vaste salle que formait la réunion des deux étages supérieurs du bâtiment du gymnase. Il affecta aux classes les étages inférieurs et le bâtiment du séminaire, alors converti en hôpital militaire sous le nom d'hôpital de la Montagne, dont l'évacuation fut demandée et obtenue. Dupuis voulait conserver tous les ouvrages déposés au collége et paraissait tenir peu de cas de l'anathème révolutionnaire qui en proscrivait le plus grand nombre. Il recommanda expressément l'exécution de son projet à l'administration départementale et quitta Porrentruy après avoir organisé l'école centrale [1] et installé bibliothécaire M. D. Raspieller, avocat, jeune homme actif et laborieux, qui joignait une grande érudition à la connaissance approfondie du droit. (1795).

[1] Le personnel du corps enseignant de l'école centrale comprenait :

M. *Delanoue*, ancien professeur à l'université de Paris, helléniste et littérateur distingué, auteur du *Nouvel Emile*, mort à Porrentruy en 1824 ; il était chargé des cours de littérature latine et française.

M. *Raspieller*, bibliothécaire, avocat érudit, mort à Strasbourg en 1838. Il a laissé de nombreux manuscrits sur les us et coutumes germaniques, encore inédits.

M. *Gressot*, chargé de l'enseignement de la logique et de la langue allemande.

Il avait été nommé professeur dans ce collége en 1786 et a rempli ces fonctions sans interruption jusqu'en 1838, époque de sa mort.

M. *Kuhn*, enseignait la langue allemande (cours inférieurs) l'histoire et la mythologie.

M. *Denier*, les mathématiques ; il fut professeur dans cet établissement jusqu'à sa mort, en 1833.

M. *Groslambert*, la physique et la chimie.

M. *Heinis*, la littérature allemande.

M. *Lémane*, ex-représentant du peuple, donnait les cours d'histoire naturelle. Il a laissé quelques ouvrages inédits, entre autres un poëme intitulé l'*Antoniade*.

M. *Boillot*, avocat, donna quelque temps un cours de législation.

Le dessin fut enseigné d'abord par M. *Dupaty*, qui s'est élevé dans la suite au rang des sculpteurs les plus renommés. Il était fils de l'auteur des *Lettres sur l'Italie*.

M. *Bandinelli*, fut son successeur.

Le nouveau bibliothécaire s'occupa d'abord à faire un choix parmi les livres réunis au collége pour en former la bibliothèque de l'école centrale, conformément à l'instruction de l'an IV, émanée du ministre de l'Intérieur Bénézech. « Les dépôts de livres répandus dans toute la République, dit cette instruction, et provenant tant des maisons religieuses que des émigrés, renferment par aperçu, environ huit millions de volumes; mais il en est à peine un tiers qui mérite d'être conservé. C'est de ces deux millions six ou sept cent mille volumes, qu'il s'agit de former des bibliothèques non-seulement pour les écoles centrales fixées par la loi, mais pour les écoles supplémentaires, qu'elle autorise, et pour des écoles spéciales. »

« L'opération générale à faire sur cette masse de livres, consiste donc, 1° à organiser les bibliothèques des écoles centrales, spéciales et supplémentaires; 2° à prendre des mesures pour que le reste des bons livres forme de petites bibliothèques dans les communes où il y a des dépôts et point d'écoles et qui témoignent le désir de les conserver; 3° à vendre les deux tiers restans des livres nationaux justement regardés comme inutiles [1] dont le produit appliqué aux frais de l'instruction publique, en déchargera d'autant le trésor public et paiera du moins et très au-delà l'établissement des bibliothèques. »

Pour se conformer à ces instructions, M. Raspieller mit à la réforme la plupart des ouvrages de théologie et de philosophie scholastiques, et généralement les œuvres des écrivains ecclésiastiques de second ordre qui formaient la masse de ce dépôt de livres. Il conserva ceux qui étaient d'une utilité réelle et pratique dans les différentes sections

---

[1] Qui voulait acheter ces livres *justement regardés comme inutiles*? Les épiciers qui les achètent aux poids. Comment pourrait-on rétablir l'histoire des progrès ou des errements de l'esprit humain si l'on ruine les monumens qui en forment la succession !

de cette bibliothèque. Les éditions du 15° siècle d'un mérite bibliographique incontestable furent aussi conservés ;
quelques ouvrages de cette nature qui n'offraient qu'un
intérêt secondaire pour l'histoire de la typographie furent
éliminés. Dans un rapport aux administrateurs du district, sous la date du 11 Vendémiaire an V (2 octobre
1796), M. Raspieller disait que sur 20,000 volumes qu'il
avait déjà triés, ils y en avait à peine six mille qui pussent
être conservés. C'est de ce choix qu'il composa la bibliothèque de l'école centrale du département du Mont-terrible. Les 14,000 volumes condamnés à être vendus furent
entassés dans des salles de l'établissement, sans classification et sans catalogue. Si le sort qu'ont éprouvé la plupart
de ces derniers nous fait regretter que M. Raspieller ait
suivi trop ponctuellement les instructions du ministre de
l'Interieur, nous devons reconnaître que le choix qu'il
avait fait était excellent, et qu'il avait montré dans cette
opération, le discernement d'un bibliographe habile et les
connaissances d'un érudit.

A la suite de ce triage, les projets d'agrandissemens
du local devenaient intempestifs ; la salle était plus que
suffisante pour contenir 6,000 volumes ; elle put renfermer encore les acquisitions importantes qu'elle fit quelque
temps après.

Parmi les bibliothèques des émigrés de l'ancien Evêché
de Bâle, la plus considérable par le choix autant que par
le nombre des ouvrages, était celle de M. Charles d'E-
berstein, prévôt de l'église cathédrale, à Arlesheim. Dès
le mois de mai 1793, M. Raspieller qui remplissait alors
les fonctions de greffier près l'administration du district
de Delémont, avait été chargé d'inventorier cette bibliothèque et une collection minéralogique qui lui était annexée. La vente de la maison de M. d'Eberstein, comme
domaine national, nécessita le transfert de ses deux col-

lections , au château de Delémont , siège des premières autorités du district. On réunit dans le même local les livres des anciens chanoines de Moutier-Grandval , ceux des capucins de Delémont, et vers la fin de 1797 quelques débris de la bibliothèque de Bellelay avec deux globes céleste et terrestre , ayant chacun trois pieds de diamètre, provenant de cette abbaye. Après trois années de correspondances entre les différentes administrations du gouvernement et du district afin d'obtenir le crédit nécessaire à la translation de ces objets , crédit sans cesse refusé et dont la demande était renvoyée d'une administration à l'autre , sous le prétexte qu'aucun dicastère ne jouissait d'allocation pour de semblables dépenses ; après la vente du château de Delémont qui provoqua l'enlèvement des collections qu'il renfermait ; lorsqu'enfin M. Bennot [1], qui était chargé de leur surveillance, eut informé l'administration départementale, qu'il lui devenait impossible de les garantir désormais contre le pillage qu'elles éprouvaient continuellement , la somme nécessaire à leur translation à Porrentruy fut définitivement allouée. M. Raspieller effectua le transfert des livres et M. Léman ex-représentant du peuple , professeur d'histoire naturelle à l'école centrale , celui des minéraux qui formèrent le commencement de la collection minéralogique de cet établissement. Les frais de transport montèrent à 408 francs. Faute de fonds suffisans , les globes restèrent encore deux années à Delémont , d'où ils furent transportés à Colmar par ordre du préfet Noël. Beaucoup de livres qui n'avaient pu entrer dans les caisses furent abandonnés.

[1] M. Bennot avait acheté , dans un encan du mobilier d'un chanoine de Moutier-Grandval, un manuscrit qui était considéré comme ayant appartenu à St. Germain, fondateur de cette abbaye , au 7ᵉ siècle. M. Bennot le vendit à un juif pour 5 francs ; le juif le céda à un amateur de Bâle pour 25 louis ; celui-ci le fit passer en Angleterre où il s'est vendu, dit-on, 60,000 francs. C'est une bible écrite sur vélin que les connaisseurs attribuent à la main d'Alcuin , précepteur de Charlemagne.

Environ 3,000 volumes augmentèrent ainsi le dépôt de livres existant au collége de cette ville; 1,500 seulement furent jugés dignes de faire partie de la bibliothèque de l'école centrale; les autres furent entassés avec les ouvrages déjà mis à la réforme. Parmi les ouvrages de cette provenance que possède notre bibliothèque, nous remarquons : *Platina, Vitæ paparum*, édition originale de 1479; la 2ᵉ partie de la 8ᵉ édition allemande de la Bible de 1480, in-fol. ; le Thesaurus linguæ latinæ, de Robert Etienne, édition de Londres, 1734, 4 vol. in-folio; la Bibliotheca græca de Photius; *Raderus*, Bavaria sancta; *Alexander Natalis*, Historia ecclesiastica, 8 vol. in-fol. ; *Bosio Giacomo*, Historia della militia di S. Giovanni Gierosolimitano, 3 vol. in-fol. *Brucker Jac.*, Historia critica philosophiæ, 6 vol. in-4°. L'édition originale des poésies de Hans Sachs, de 1558 , in-folio ; la collection des *Minnesinger* éditée à Zurich, un vol. in-4°, etc. , etc.

Dans le courant de l'année suivante , notre collection fit une acquisition plus précieuse encore. En vertu des lois dont nous avons déjà parlé, les bibliothèques des corporations religieuses et des émigrés du département de la Seine avaient été réunies à Paris dans un local commun. On tria pour la bibliothèque nationale les ouvrages que cette immense collection ne possédait point ; les autres furent destinés aux départemens. M. Raspieller fit à ses frais un voyage à Paris pour faire un choix parmi les livres qui devaient être distribués , et avec l'appui des députés du Mont-terrible au corps législatif, il obtint de François de Neufchâteau, ministre de l'intérieur, 1256 volumes qui furent envoyés à la bibliothèque de l'école centrale de cette ville, le 17 floréal an VII. (6 mai 1799). Cet envoi comprenait un grand nombre d'ouvrages excellens, dans un état de conservation qui ne laisse rien à désirer. Nous citerons dans ce nombre : le Recueil des chroniques de France, par D. Bouquet, les 13 premiers volumes, in-folio.

Une magnifique édition des chroniques de Joinville, de l'imprimerie royale, in-folio.

Une édition totalement gravée, texte et planches, des fables de Lafontaine, 5 vol. in-8°.

Les Glossaires de la basse latinité de Ducange et de D. Carpentier.

L'histoire de la ville de Paris, par D. Mich. Félibien. 5 vol. in-folio.

Plusieurs grands ouvrages de numismatique, d'antiquités et de diplomatique.

Les 43 premiers volumes des Mémoires de l'académie des inscriptions et belles-lettres.

Les Mémoires de l'académie des sciences de 1724 à 1771.

L'Encyclopédie de Diderot, 28 vol. in-folio.

Plusieurs ouvrages d'histoire et de littérature; Corneille, Scarron, Destouches, Piron, Crébillon, Voltaire, le Dante, Métastase, etc.

Ces ouvrages proviennent de différentes bibliothèques publiques et particulières; il s'en trouve de la bibliothèque de l'école de médecine de Paris, de l'abbaye de St-Germain-des-Prés, de celle du duc d'Orléans, de l'émigré de Condé. La plupart sont reliés avec luxe, et rehaussés des armes de hauts dignitaires ecclésiastiques ou civils. On lit sur la couverture du Traité des Pierres gravées de Mariette, ces mots en lettres d'or cantonnées des armes de Louis XVI : « Donné par le Roi à M. le baron de Breteuil, ministre secrétaire d'Etat, 1786. »

Durant cette période, la bibliothèque n'avait point d'allocation fixe; le soin des acquisitions était abandonné à l'administration départementale qui parait n'avoir acheté que la partie de l'Encyclopédie méthodique, publiée jusqu'à la suppression du département. Le ministre de l'Intérieur lui faisait don par intervalle de quelques-uns des volumes

déposés en double exemplaire à la bibliothèque nationale,
conformément à la loi sur la propriété littéraire. Ces ouvrages étaient transmis directement par le ministre, avec
sa signature accompagnée de cette légende : « Pour être
déposé à la bibliothèque de l'école centrale du département
du Mont-terrible. » Nous avons de cette provenance :
l'Art de fabriquer les canons, par Gaspard Monge, in-4°,
quelques livraisons du Journal de l'école polytechni-
que, etc.

M. Raspieller opéra la classification de la bibliothèque,
en rédigea le catalogue alphabétique et prit les mesures
convenables pour empêcher la dilapidation des ouvrages
mis à la réforme, en attendant que l'administration pût en
tirer parti. Toutefois malgré son rare dévouement, son
aptitude et son activité, il ne pût accomplir sa tâche, sans
éprouver, pour des motifs très-honorables, le désagré-
ment d'une tentative de révocation, résultant de ces circonstances :

M. Gobel, député du clergé d'Alsace à l'assemblée nationale avait d'abord usé de sa position politique pour
amener un démembrement de l'Evêché de Bâle. Son but
était d'obtenir l'institution d'un évêché à Colmar dont il
ambitionnait les prérogatives. Ce Siége aurait eu la juri-
diction spirituelle de toute la partie de l'Alsace, réunie à
la France, qui relevait de l'évêque résidant à Porrentruy.
Pour étayer ses projets et miner l'influence de l'évêque
de Bâle, il eut soin de fomenter l'agitation dans le pays,
par l'entremise de son neveu, M. Renger, syndic des sels
du Prince-Evêque.

La rapidité des événements, dépassant ses espérances,
le porta bientôt à la dignité d'Evêque de Paris; et du siége épiscopal, sous le couteau sanglant de la guillotine. M.
Renger ne recueillit de la succession de son oncle que de
nombreuses dettes, et pour toute recommandation, que

la honte d'une apostasie sans exemple , qui lui avait attiré le mépris dé Robespierre même.

Or, M. Renger revient à Porrentruy, sans ressources, sans fortune , n'ayant plus d'espoir que dans les liens de parenté qui l'unissent à l'un ou à l'autre de nos administrateurs. Il est résolu en conseil de famille qu'on lui procurera un emploi pour subvenir à ses besoins ; mais quelle place donner à M. Renger que la protection de son oncle a dispensé de tout travail sérieux et qui ne se trouve plus en état d'apprendre ce qu'il n'a jamais su. On avise les fonctions de bibliothécaire; nos administrateurs ont découvert que M. Renger possède l'art de ranger des livres dans des rayons, et le 14 floréal an VI (3 mai 1798) ils prennent gravement la décision suivante :

« L'administration centrale du département du Montterrible, considérant que la place de bibliothécaire est occupée par le citoyen Dagobert Raspieller, fils, jeune homme de mérite , qui joint à des connaissances au-dessus de son âge, du zèle et de l'intelligence , mais qu'en même temps il est fortuné et exerce ses talents comme défenseur officieux près le tribunal civil; ce qui l'empêche de donner tout son temps à cette place.......... arrête : qu'elle le révoque de ses fonctions de bibliothécaire et qu'elle nomme en son lieu et place le citoyen Joseph Antoine Renger, père , de Porrentruy, etc. »

Voilà donc M. Raspieller sous le poids d'une révocation mystérieuse dont il n'a connaissance que par la rumeur publique; l'administration garde un silence équivoque qu'elle hésite à rompre officiellement; enfin après des sollicitations réitérées, elle se décide à octroyer à M. Raspieller copie de l'arrêté qui le destitue. Mais cette décision , pour être validée, a besoin de l'approbation du ministre de l'Intérieur, qui sans délai donne à nos administrateurs cette petite leçon, très intéressante pour beaucoup de républicains.

«Paris 29 Floréal, an VI de la République française une
et indivisible. »

« Le ministre de l'Intérieur aux administrateurs du département du Mont-terrible, à Porrentruy. »

« Citoyens, j'ai reçu l'arrêté par lequel vous destituez
le citoyen Raspieller, fils, de sa place de bibliothécaire
près votre école centrale pour le remplacer par le citoyen
Renger, père. »

« Quand même les motifs sur lesquels vous fondez cette
destitution seraient aussi graves qu'ils sont faibles en eux-
mêmes, votre arrêté ; par la raison qu'il s'écarte entièrement de toutes les formes prescrites par la loi, n'en serait
pas moins frappé de nullité. Ce n'est point sur des motifs
vagues ou des considérations particulières qu'un professeur ou bibliothécaire peut-être destitué de sa place ; il
faut qu'il ait réellement prévariqué dans l'exercice de ses
fonctions, et dans ce cas là même, il est nécessaire de
suivre pour sa destitution, la marche que la loi a tracée.
Ici, vous commencez par convenir que le citoyen Raspieller fils est un jeune homme de mérite et qu'il réunit
toutes les qualités nécessaires pour remplir sa place avec
distinction : le seul reproche que vous lui fassiez, c'est
d'être fortuné et d'exercer ses talents en qualité de défenseur officieux. Dans les républiques de la Grèce et de
Rome, les premiers magistrats se faisaient un mérite et
un honneur de descendre de leurs chaises curules pour
défendre devant les tribunaux la fortune ou la vie de leurs
concitoyens. Ce qui honorait des consuls romains, serait-
il un crime pour un bibliothécaire d'école centrale ? Et
serait-il plus difficile de concilier la fonction de défenseur
officieux avec les soins d'une bibliothèque, qu'il ne l'était
alors de le faire avec les devoirs des plus hautes magistra-
tures ? »

« En admettant même la validité de ce motif, vous ne

pouviez procéder à la destitution du citoyen Raspieller, qu'après avoir pris l'avis du jury, et avoir entendu le citoyen dans ses défenses, comme le porte l'article VI, titre 2, de la loi du 3 Brumaire. Votre arrêté étant illégal, devient absolument nul. Je vous invite en conséquence à ne lui donner aucune suite. »

Salut et Fraternité :

(Signé) LETOURNEUX.

L'administration départementale garda le secret sur l'admonition qu'elle venait de recevoir et communiqua une pièce de sa façon à M. Raspieller dans laquelle se trouvaient relatées les conclusions du ministre de l'intérieur. Le bibliothécaire continua ses fonctions, non sans éprouver d'autres taquineries que les ambitions personnelles avaient mises à l'ordre du jour. Sous ce rapport, ses collégues de l'école centrale n'étaient guère mieux partagés que lui ; les professeurs qui rendaient les meilleurs services à l'établissement auraient été sacrifiés deux fois de cette manière, si le ministre de l'Intérieur eut voulu s'associer aux persécutions de l'autorité départementale.

Pendant toute la durée de la réorganisation de la bibliothèque, l'accès en fut interdit au public ; elle ne fut ouverte que le 10 germinal au VII (30 mars 1799) par arrêté du département. Les lecteurs y furent admis d'abord tous les quintidis et décadis, depuis une heure jusqu'à cinq heures du soir ; quelques mois plus tard, la bibliothèque fut ouverte tous les jours. Il était expressément défendu au bibliothécaire de prêter des ouvrages à domicile.

L'année suivante (1800), le département du Mont-terrible fut réuni à celui du Haut-Rhin; cette annexation, qui enlevait à la ville de Porrentruy toutes les administrations principales, fit pressentir la suppression plus ou moins rapprochée de l'école centrale du département. M. Raspieller dont le zèle et les services désintéressés avaient été méconnus dès ses premiers pas dans la carrière bibliographique, demanda et obtint un congé en 1801 , pour se rendre à Colmar, afin d'y suivre les séances des tribunaux. Il fut remplacé provisoirement dans ses fonctions de bibliothécaire par M. Heinis, professeur de langues anciennes à l'école centrale, jeune homme très capable, mais étranger au noble dévoûment de M. Raspieller, qui avait mis un patriotique orgueil à jeter quelque lustre sur la plus riche collection de sa ville natale.

L'intérêt sérieux que portaient à l'école centrale de Porrentruy M. Noël[1], préfet du Haut-Rhin et M. Duplaquet, sous-préfet de cet arrondissement, réussit quelque temps à faire différer la suppression de cette école. Ces deux citoyens qui réunissaient les connaissances administratives à celles des sciences et de la littérature, firent tous leurs efforts pour conserver à cette ville le seul établissement qui lui restât pour prix de ses nombreux sacrifices. Ils s'entourèrent de tous les renseignemens qui pouvaient leur être utiles dans cette lutte de clocher et s'attachèrent surtout à rehausser l'avantage de nos collections scientifiques. Un rapport fut demandé à cet effet à M. Léman, professeur d'histoire naturelle pour les objets confiés à ses soins; M. Heinis présenta une courte notice statistique de la bibliothèque, sous la date du 15 prairial an IX. (4 mai 1801). Nous croyons utile d'en extraire quelques lignes, à titre de renseignemens.

« Cette bibliothèque composée d'environ 8,000 volumes de livres choisis est partagée en neuf divisions principales et chaque division en une ou plusieurs subdivisions. »

« 1re *Division*. Elle renferme tous les livres d'histoire tant ancienne que moderne et ecclésiastique ; un bon choix

---

[1] Auteur de plusieurs dictionnaires et de quelques recueils de littérature.

de biographes ; l'histoire de l'académie royale des sciences jusqu'à 1771 inclusivement ; l'histoire de l'académie royale des inscriptions jusque et y compris 1779 ; les antiquités de *Montfaucon*, celles d'*Herculanum* et quelques autres ouvrages de cé genre; un choix de bibliographes, etc., etc. Cette division composée de livres latins, grecs, français, allemands, anglais, italiens est la plus riche et la plus précieuse de la bibliothèque. »

» *2ᵉ Division.* Il s'y trouve quelques bons ouvrages de diplomatie et du droit des gens : la plupart sont allemands ou latins. »

« *3ᵉ Division.* Elle consiste en voyages, géographies, atlas, beaucoup de cartes détachées, histoire naturelle, quelques ouvrages sur l'économie rurale et deux ou trois médecins assez connus. »

« *4ᵉ Division.* Elle renferme les philosophes anciens et modernes tels que Senèque, Aristote, Beyerlinck, Descartes, Mallebranches, Rousseau, Montesquieu, Lock, Condillac, etc., et quelques anglais et allemands. On a préféré les auteurs de logique, métaphysique, en un mot de philosophie analytique et de morale, »

« *5ᵉ Division.* Les arts et métiers, les physiciens et les mathématiciens ont leur place dans cette division. L'encyclopédie in-folio s'y trouve avec quelques parties incomplettes de celle par ordre de matières. Les ouvrages de physique et de mathématiques sont peu considérables. »

« *6ᵉ Division.* Elle renferme les jurisconsultes et les auteurs du droit canon, civil et ecclésiastique, et de science politique. La plupart de ces auteurs sont écrits en latin. »

« *7ᵉ Division.* Elle renferme les ouvrages de littérature et de langues anciennes et modernes. On y trouve entre autres les dictionnaires de *Scapula*, de *Calepin*, d'*Etienne*, de *Du Cange*, le grand vocabulaire et autres bons diction-

naires grecs , latins , français , allemands , anglais , italiens , espagnols , hollandais , etc. , avec les grammaires
correspondantes. La section des Belles-lettres comprend
les auteurs anciens grecs et latins, dont quelques vieilles
éditions et quelques *variorum*; les bons auteurs du siècle
de Louis XIV, et un petit nombre de modernes; les œuvres de Voltaire; beaucoup d'anglais, allemands et italiens et quelques bonnes traductions. Cette partie est assez bien fournie ; elle ne laisse à désirer que quelques modernes et plus de littérature allemande. »

« *8ᵉ Division*. Elle est uniquement consacrée aux bibles
et aux Sᵗˢ Pères. Nous sommes assez riches en éditions
rares en fait de Bibles; nous possédons entre autres la polyglotte de Paris et celle d'Anvers , et d'anciennes éditions en latin, al'emand, grec, hébreu, anglais, etc. La
section des Pères offre d'abord la bibliothèque des Pères,
St. Augustin, St. Jérôme, St. Chrysostôme, etc. Bossuet
couronne cette collection. »

« *9ᵉ Division*. Elle offre une collection nombreuse d'ouvrages sur la religion et la dévotion des différentes sectes
chrétiennes, avec les livres de liturgie et de théologie scholastique qui ont paru dignes d'être conservés. Les œuvres
de Luther qui s'y trouvent sont assez rares. Il y a de même
de fort bonnes choses, comme les œuvres de *Massillon*,
de *Fléchier*, de *Bourdaloue*, etc. , et plusieurs allemands
et anglais de ce genre. Il y a aussi quelques autres mélanges de peu de valeur. »

« Tout ce choix a été fait et inventorié d'après les instructions et dans les vues du gouvernement. Le catalogue
de ces livres ainsi que la bibliothèque sont ouverts au public et aux élèves de l'école centrale , tous les jours pendant quatre heures. Si l'antiquaire n'y trouve pas toujours
de quoi satisfaire sa froide curiosité, l'homme de goût,
l'homme sensible n'en sort jamais sans avoir nourri son

cœur ou enrichi son esprit de quelques connaissances et de quelques vérités utiles. »

« Ce choix cependant n'est pas complet : nous n'avons point d'ouvrages sur la médecine, et l'histoire naturelle n'offre que *Buffon* et *Linnée* traduit par *Müller*. Les ouvrages de mathématiques, physique et d'économie rurale laissent de même beaucoup à désirer... »

« Au commencement de notre établissement le ministère nous envoyait de temps en temps quelqu'ouvrage nouveau.... Il y a bien longtemps que nous n'avons plus rien reçu. On nous a même ôté jusqu'au journal qui nous faisait connaître les nouvelles productions. Une bibliothèque publique cependant a besoin d'aliment pour être toujours intéressante et généralement utile.... »

« Le nombre des livres qui ont subi la réforme est aussi considérable que celui des bons ouvrages. Cet amas n'offre absolument que quelques ouvrages tronqués, quelques doubles de peu de valeur, une grande provision de philosophie, de morale et de théologie scholastique, de controverse et d'ascétique et beaucoup d'auteurs classiques. Le bibliothécaire est dans ce moment occupé à faire un extrait de ces auteurs, tels que Virgile, Ovide, Cicéron, Tacite, Tite-Live, Salluste, César, Cornelius Nepos ; livres de Rhétorique, de Syntaxe ; grammaires, dictionnaires, en un mot toute la collection qui servait sous les jésuites à l'éducation de la jeunesse. Il existe de chacun de ces auteurs ou extraits d'auteurs quinze à vingt doubles accompagnés de notes latines, françaises ou allemandes, pour faciliter aux élèves l'intelligence du texte et aux maîtres l'explication. Cette collection formait, avant la Révolution, une bibliothèque séparée, appelée *la bibliothèque des pauvres écoliers*.... Tous ces livres ont été confondus au commencement de la Révolution. Et que n'a-t-on pas confondu !... Les professeurs ont déjà formé le noyau de cette

4.

bibliothèque rétablie, en se procurant de nouveaux livres élémentaires, tels que *Brisson*, *Bezout*, *Condillac*, nouvelles géographies et quelques autres pour les langues. Ils les prêtent aux élèves sous les mêmes conditions que ci-devant. Il ne s'agit donc de la part du bibliothécaire que d'y ajouter ce qui se trouve pêle-mêle parmi les livres de réforme et cette institution sera plus intéressante et plus riche qu'elle n'était autrefois. »

Tel était, au commencement de ce siècle, l'état de la bibliothèque. Nous avons à regretter la perte d'un grand nombre d'ouvrages qui en faisaient alors partie, comme on peut le constater par l'inspection du catalogue ; aucun des classiques achetés pour le service des élèves de l'école centrale ne nous est parvenu ; les anciens classiques grecs et latins sont devenus moins nombreux et ceux qui nous restent, tombent de vétusté. Quant aux ouvrages mis à la réforme, ils n'étaient point généralement sans valeur, comme l'insinue le rapport de M. Heinis ; les idées de cette époque éphémère les avaient seulement frappés d'une injuste dépréciation. L'aversion pour les ouvrages écrits par des ecclésiastiques, était poussée si loin, qu'on n'avait pas même conservé ceux qui se rattachent directement à l'histoire de l'ancien évêché de Bâle, sans lesquels nous serions privés de renseignemens précieux.

Quelques ouvrages encore furent restitués, par arrêté du préfet, à leurs anciens possesseurs, revenus de l'émigration. M. Bauer, curé à Mervelier, le chanoine de Gléresse, M. Vermeille d'abord curé à Courtedoux, puis à Etimbes jouirent du bénéfice de cette décision. Les démarches de l'ex-abbé de Lucelle, celles des héritiers d'Eberstein, pour le même objet, restèrent infructueuses. La bibliothèque de M. Gobel qui avait été déposée au collége, fut vendue à l'encan au profit de ses créanciers et produisit 1759 francs. Il nous en reste quelques ouvrages incomplets, qui sans doute n'avaient point trouvé d'amateurs.

A la suite des démarches du conseil municipal de cette ville, appuyées par le préfet du Haut-Rhin , le ministre de l'intérieur promit à cette commune qu'elle conserverait son école centrale et sa bibliothèque qui était menacée d'être transférée à Colmar. Deux années s'écoulèrent dans l'espoir que cette assurance positive serait observée religieusement , lorsqu'un projet de réorganisation générale de l'instruction publique menaça cet établissement de nouveaux dangers. Le conseil municipal fit de nouvelles démarches et transmit au ministre une demande qui mérite d'être reproduite par les renseignemens qu'elle présente :

« Citoyen ministre , »

« Le département du Mont-Terrible se trouve supprimé et réuni au département du Haut-Rhin , sans qu'aucune loi ait jusqu'à présent prononcé cette suppression et cette réunion. Porrentruy autrefois la résidence des Princes-Evêques de Bâle a perdu , par cette suppression , le peu de ressources que la révolution lui avait laissées par la présence des premières autorités que le décret de réunion lui assurait en forme de dédommagement. »

« Il n'est pas inutile de dire ici que la ville de Porrentruy a fait seule la révolution de tout le pays , et que depuis , tout ce qui l'entoure n'a cessé d'intriguer pour la dépouiller de tous ses établissements. »

« L'absence des premières autorités a réduit dans cette ville un grand nombre de familles à la misère ; mais ils avaient l'espérance d'achever l'éducation commencée de leurs enfans , et cette espérance leur faisait supporter plus patiemment la violation du traité de réunion. »

« Nous sommes menacés de perdre encore le dernier établissement qui nous reste, le plus précieux, le plus important de tous. Le conseil général de la préfecture du

Haut-Rhin , composé en grande majorité de citoyens étrangers à celte contrée qu'ils n'ont jamais visitée , entraîné par des affections locales, a délibéré de demander la suppression de notre école centrale. »

« Cette nouvelle suppression serait d'autant plus sensible que nous pouvons assurer que notre école est en pleine activité ; qu'on a eu le talent d'exciter parmi les nombreux élèves qui suivent les cours , une si vive émulation, que chaque année est marquée par des progrès admirables. Et il faut rendre cette justice bien méritée , que chaque professeur réunit au zèle et à l'activité la plus soutenue des talents distingués; la plupart d'entre eux ne se sont pas bornés à ce que la loi leur prescrivait ; ils ont fait d'incroyables efforts pour réparer l'absence de tout genre d'instruction pendant quatre ans , et ont suppléé à l'insuffisance des instituteurs primaires , pour former des sujets propres à être classés dans les diverses sections d'enseignement. La réputation que cette école acquiert, attire tous les jours des élèves du Haut et du Bas-Rhin , de la Principauté de Neuchâtel et de l'Helvétie. Nous savons que les professeurs de Colmar ont de grands talents ; mais à quelle cause attribuer la désertion de leur école qui placée au centre de cinq cents mille âmes , dans une circonférence de cinq lieues, ne présente cependant pas le même nombre d'élèves que l'école centrale de Porrentruy, placée au milieu d'une population bien moins considérable? L'idiôme allemand domine à Colmar ; la langue française est la seule qu'on parle à Porrentruy , et la nécessité de posséder cette dernière langue détermine beaucoup d'allemands et d'étrangers à faire leurs études dans cette ville, c'est ce qui se pratiquait déjà sous l'ancien régime. »

« La pureté de l'air et des mœurs des habitans de cette contrée qui ne sont livrés qu'à des occupations douces,

utiles et presque entièrement rurales, sont très favorables
à l'étude. Ils sont éloignés des plaisirs vifs et bruyants et
du tracas éternel des grandes villes, et leur nourriture
frugale et saine facilite aux parents les moyens d'instruction
par la modicité des pensions et assure la santé des élèves;
la situation de cette école au milieu des montagnes offre
au naturaliste, sous ses premiers pas, des mines inépui-
sables à exploiter. On a toujours remarqué que l'air d'un
pays, les mœurs de ses habitants, le plus ou le moins
des moyens de dissipation entraient pour beaucoup dans
le choix des parents, et sous ce triple rapport Porrentruy
l'emporte de beaucoup sur Colmar et sur les autres villes
voisines qui possèdent une école centrale. »

« Un local vaste et commode, dont la vente dans un
pays où le commerce est nul, ne pourrait que faiblement
tenter un démolisseur ; un jardin botanique parfaitement
situé et qui vient d'être approprié à grands frais ; une bibliothèque nombreuse et bien choisie, et enfin une population qui commence à sentir le besoin de l'instruction,
qui en est avide, et qui en serait pour toujours privée,
attendu la pauvreté des habitans, sont des motifs de conservation que nous ne croyons pas indignes de l'attention
du gouvernement. »

« Plus disposés à invoquer la bienfaisance du gouver-
ment que sa justice, nous nous sommes dispensés de mettre sous ses yeux que le pays a été réuni sous la condition
expresse qu'il formerait un département particulier, dont
Porrentruy serait le chef-lieu, pour le dédommager des
portes qu'il allait ressentir de la suppression de la cour du
Prince, qui y dépensait annuellement un million de revenus ; que la suppression du département porte un coup
mortel à cette centrée, qui malgré les malheurs de la Révolution commençait à se vivifier sous les auspices de la liberté ; que notre école centrale occupe un ancien collége

fondé par nos ancêtres et que si la nation s'est emparée des biens considérables [1] dont cet établissement jouissait , elle a dû en même temps se charger de remplir les conditions non religieuses , mais utiles des dotations , en assurant l'instruction à notre postérité. »

« Mais nous n'avons pas besoin de nous appuyer sur des considérations d'une équité rigoureuse. Le gouvernement sentira qu'il est de son intérêt de ne pas condamner à la plus crasse ignorance une frontière très intéressante qui a donné l'exemple de la patience et de la fidélité. Il sentira que des enfants adoptifs ont droit à ses regards paternels comme ses autres enfants. Nous pourrions encore ajouter que la ville de Colmar s'enrichit déjà de toutes nos pertes ; que le commerce, l'agriculture , la présence des premières autorités et du tribunal d'appel qu'elle vient d'obtenir sont autant de moyens de prospérité qui manquent à la ville de Porrentruy, et qu'il n'est pas juste, ni raisonnable qu'une commune envahisse tout au préjudice des autres. Ces considérations nous font espérer que le gouvernement accueillera favorablement cette demande tendante à la conservation de l'école centrale à Porrentruy. »

« En vous adressant , citoyen ministre , nos justes réclamations, nous cédons moins à nos vœux personnels , qu'aux vœux de tous les pères de famille de cette commune, des communes environnantes et même de celles de l'ancien département du Haut-Rhin qui nous avoisinent. »

Salut et respect.

Le maire (signé) QUIQUEREZ.

---

[1] Les revenus du collége avant la réunion de l'évêché à la France consistaient principalement en denrées , qui converties en numéraire pouvaient valoir, année commune, vingt mille francs. Environ quinze mille francs de revenus ont été aliénés au profit de la république française.

Malgré toutes les réclamations et contrairement aux espérances que l'on nourrissait, un arrêté du gouvernement,
du 16 floréal an XI (16 avril 1803) supprima simultanément les deux écoles centrales de Colmar et de Porrentruy ; elles furent converties en écoles secondaires par un
nouvel arrêté du 21 fructidor (8 sept.) de la même année,
qui cède à la commune de Porrentruy, la bibliothèque et
les bâtimens affectés à son ancienne école centrale.

La mise à exécution de cet arrêté nécessita des modifications dans le personnel enseignant et détermina la suppression des classes supérieures, depuis la rhétorique inclusivement. M. Heinis, appelé au lycée de Strasbourg
quitta Porrentruy avant d'avoir fini le triage des classiques
destinés à la bibliothèque des pauvres, qui se trouvaient
disséminés parmi les ouvrages mis à la réforme. Le sous-
préfet de cet arrondissement chargea le maire de vérifier
si tous les ouvrages portés au catalogue de cette bibliothèque s'y trouvaient réellement, et si depuis le départ de
M. Raspieller cette collection était demeurée intacte. Le
maire se contenta de la déclaration de M. Heinis qui était
sur son départ, constata dans son rapport qu'indépendamment de la bibliothèque proprement dite, il y avait encore
au collége six autres salles pleines de livres déposés sur le
plancher, mit les scellés sur les portes et en remit les clés
au sous-préfet. An XII 10 brumaire. (2 nov. 1803).

Lorsque l'école secondaire fut définitivement organisée,
ce qui eut lieu quelques mois plus tard, la bibliothèque fut
ouverte aux professeurs seulement. M. Kuhn, professeur
et chef du pensionnat, fut chargé de sa conservation. Les
dépenses d'entretien étaient supportées par la caisse com-
munale, comme les autres dépenses de l'instruction publique. Il ne paraît pas qu'aucune acquisition nouvelle ait
été faite pendant toute la durée de l'école secondaire.

En 1810, M. Meusy, ancien religieux de Bellelay, fut

appelé au collége de Porrentruy , en qualité de professeur
et de principal; il devint dépositaire de la clé de la bibliothèque , au départ de M. Kuhn , qui eut lieu vers la même
date. Pour disposer des salles qui renfermaient les livres
mis à la réforme, le nouveau principal les fit transporter
sur les tribunes de l'église du collége, où ils furent entassés pêle-mêle et en quelque sorte abandonnés au public.
M. Meusy , comme tous ses confrères de Bellelay , avait
partagé les vicissitudes et les rigueurs de l'émigration; il
en avait rapporté une tendance bien naturelle au retour du
passé et une profonde aversion pour les idées nouvelles qui
avaient occasionné ses infortunes. La bibliothèque possédait alors une collection de bulletins décadaires de la république , de bulletins de l'armée, de proclamations , de
discours prononcés à la tribune de l'assemblée nationale
et de la convention, différens journaux littéraires et politiques , des brochures de circonstances , etc , renfermés
dans deux énormes caisses; M. Meusy en fit un solennel
autodafé sur le foyer de l'établissement. Telle était sa manière de prendre une revanche domestique: si la Révolution avait mis les moines et les scholastiques à l'index , il
prétendait bien lui rendre la pareille en brûlant les monumens de ses œuvres. Le passé reprenait déjà son empire
sur le présent inconstant; la réaction n'attendait plus qu'u-
ne circonstance favorable pour s'épancher librement à ciel
ouvert: Waterloo !

En 1815, M. de Montbrizon, inspecteur de l'université,
rétablit au collége une chaire de rhétorique qui fut confiée à M. Gressot. Cette amélioration qui rendit d'utiles
services était loin de compenser les pertes résultant de la
suppression de l'école centrale. Les débris du cabinet de
physique, du laboratoire de chimie, de la collection minéralogique avaient été pillés ou relégués sans discernement dans les greniers; le jardin botanique établi à grands

frais, rendu aux cultures potagères; les plantes exotiques qui décoraient la serre chaude et provenaient des beaux jardins établis à Etupes par le Prince de Montbéliard, avaient été vendues à l'encan; les ruines surgissaient de toutes parts.

Le traité de Paris, de 1814, détacha de la France, l'ancien Evêché de Bâle qui fut placé sous le gouvernement de M. d'Andlau, au nom des puissances alliées. Ce gouverneur qui affectionnait ce collége où il avait fait ses premières études, y créa une chaire de philosophie. Au nom de la famille de Reichenstein, il souleva une question de propriété sur la bibliothèque de M. d'Eberstein réunie à celle-ci, que la courte durée de son administration ne lui permit point de résoudre.

En 1815, le congrés de Vienne céda la plus grande portion de l'Evêché au canton de Berne; l'article III de l'acte de réunion conclu à Bienne garantissait l'existence du collége de Porrentruy, « comme par le passé », et la restitution à cet établissement des fonds de terre non vendus et des capitaux encore existant. Cette garantie n'était qu'illusoire et n'assurait point convenablement les ressources de cette institution; mais l'appât des places en perspective et quelques tabatières à musique suffirent à l'édification des sept députés jurassiens nommés par l'autorité directoriale de Zurich, qui sans s'inquiéter des vœux du pays, ni des reproches des générations futures, ni de la flétrissure de l'impartiale histoire, sanctionnèrent de leurs signatures un pacte impie, enlevant au Jura sa législation, ses idées larges et généreuses. M. Meusy quitta le collége dans le courant de la même année; M. Paul Lhoste, ancien religieux de Bellelay, lui succéda jusqu'au 4 mars 1817, époque de sa mort.

Les fonctions de principal furent déférées vingt jours après à M. Cramatte ancien religieux de la même abbaye;

M. Parat , professeur , fut nommé bibliothécaire , et chargé de la confection d'un nouveau catalogue. Il devait s'adjoindre cinq élèves des classes supérieures pour l'exécution de ce travail qui ne fut point commencé. Il est vrai qu'il était parfaitement inutile ; l'ancien catalogue était complet et présentait les indications nécessaires , en harmonie avec la classification de la bibliothèque opérée par M. Raspieller.

M. Parat rédigea un réglement pour l'ouverture de la bibliothèque au public, dont les conditions reposaient sur un abonnement fixe qui aurait formé un petit revenu consacré à l'acquisition d'ouvrages nouveaux. L'idée était bonne , mais elle ne pouvait recevoir d'exécution. Qu'aurait en effet produit un abonnement de lecture dans une bibliothèque qui n'offre que des documents à consulter, qui ne renferme que des ouvrages sérieux et non des romans et des œuvres futiles que recherchent la grande majorité des lecteurs d'une petite ville? Ce règlement approuvé par l'administration du collége demeura sans effet , et la bibliothèque fut maintenue dans le statu quo, sous la surveillance de M. Parat qui quitta cet établissement en 1818.

La bibliothèque , utilisée seulement par les professeurs , fut confiée au principal jusqu'en 1828 , où M. l'abbé César , professeur de 2e de grammaire fut chargé de la réorganiser. Nous ignorons la nature de ses travaux dans cette collection ; les malins de l'époque l'accusaient d'opérer cette réorganisation en classant les volumes par rang de taille , sans distinction des matières ; en tout cas l'exiguité du local ne lui permettait guère de faire autre chose. La mutation fréquente du personnel des bibliothécaires , la négligence de replacer les volumes dans leurs cases respecves , avaient puissamment contribué à procurer un désordre qui ne permettait plus d'utiliser le catalogue , in-

diquant les volumes dans les rayons où ils n'étaient plus ;
la classification méthodique était effacée par le mélange
des différentes sections qui la constituaient. M. César
abandonna ses fonctions à la fin de 1829.

Vers cette époque la bibliothèque faillit éprouver une
grande perte, qui aurait fait un vide considérable dans
son ensemble, celle des livres d'Eberstein. Dès 1814, M.
d'Andlau, gouverneur du pays de Porrentruy, avait sou-
levé des réclamations sur cette bibliothèque, en qualité et
au nom des héritiers de M. d'Eberstein, et ordonné à
l'administrateur de ce district d'en faire dresser l'inventaire. Cet ordre fut exécuté et le catalogue des livres de
cette provenance réunis dans la bibliothèque du collége
en fixa le nombre à 1592 volumes. Le conseil de fabrique
de cette localité se crut en droit de réclamer aussi à la famille de Reichenstein, héritière de M. d'Eberstein, une
certaine somme avec les intérêts arriérés qu'elle devait
à l'église paroissiale de Porrentruy, dette contractée avant
la Révolution française. MM. de Reichenstein déclarèrent,
qu'ils ne demandaient pas mieux que d'acquitter cette
dette aussitôt qu'ils en auraient les moyens ; que toutefois,
en considérant les pertes que la Révolution leur avait fait
éprouver et qui avaient entraîné la ruine totale de leur
fortune, ils espéraient qu'on leur accorderait la remise
des intérêts arriérés, en faisant payer le capital sur le prix
de la bibliothèque de feu M. d'Eberstein. Nous ignorons
quelle fut l'issue de ces négociations ; la dette fut-elle ef-
fectivement acquittée? Le conseil en fit-il la remise en retour de la propriété des livres réclamés ; c'est ce qu'il nous
a été impossible d'éclaircir. Quoi qu'il en soit, 15 ou 16
années après, M. Ignace de Billieux, directeur des études,
héritier de M. d'Eberstein, revendiqua la propriété de ces
livres et les fit retirer des rayons. On n'attendait plus que
l'autorisation de l'administration du collége pour les enle-

ver, lorsque la révolution de 1830 vint renverser les hommes et leurs projets. La revendication de ces livres fut abandonnée, et M. Parat fut chargé de les réintégrer dans leurs cases respectives.

Si l'on considère ces prétentions sous le point de vue du droit, on reconnaît aisément qu'elles n'étaient point fondées, puisque la bibliothèque d'Eberstein était frappée par la législation qui a régi l'aliénation des domaines nationaux et qu'elle a de plus été concédée intégralement à la commune de Porrentruy, par un arrêté spécial du gouvernement français. Mais ces prétentions étonnent lorsqu'elles émanent de la famille de Billieux, qui a donné au collége tant de marques d'intérêt, a facilité les études d'un grand nombre d'élèves privés des ressources nécessaires, et dont l'un de ses membres, M. Aloys de Billieux, a dirigé la construction de la belle méridienne horizontale du collége, exécutée à ses frais, en 1814. Pour nous rendre compte de ces démarches, que ne justifient ni le droit, ni les antécédens, nous sommes forcés d'en attribuer le motif et le but à des causes totalement étrangères à de purs intérêts matériels [1].

---

[1] On peut consulter : *Notice sur la méridienne du collége de Porrentruy et sur son usage*, brochure imprimée dans cette ville. L'inscription qui retrace la date de sa construction est ainsi conçue :

MDCCCXIV.

ARTE ET IMPENSIS

D: D: ALOYSII DE BILLIEUX

AB EHRENFELD

OLIM AD S. URSICINUM CANONICI ET CUSTODIS

NUNC HUJUS COLLEGII ADMINISTRATORIS

BENEVOLENTISSIMI

Sur la paroi, à gauche, on lit :

Josuë ait : STA SOL. *Hoc ito tramite, dixit*
Doctus de Billieux ; paret utrique libens.

Vingt ans s'étaient écoulés depuis que les livres mis à la réforme avaient été déposés sur la tribune de l'église du collége. Cet édifice, après avoir servi de théâtre aux orgies du culte de la Raison sous Robespierre, avait été convertie en magasin à fourrages pendant l'occupation militaire des puissances alliées, puis en magasin de bois à brûler. Les fenêtres étaient toutes enlevées ou brisées; la couverture par défaut d'entretien suffisant, laissait filtrer les eaux pluviales qui suintaient dans le plafond, en détachaient le plâtre et les moulures, et venaient empâter les objets exposés dans l'intérieur [1]. Ces livres étaient ainsi exposés à toutes

Sur la paroi à droite :

> *L'astre suit pas à pas la ligne qu'il lui trace,*
> *Et comme dans les cieux, en cet étroit espace,*
> *Fidèle aux mouvemens que sa main lui prescrit*
> *Ainsi qu'à Josué le soleil obéit.*

Ces vers sont de M. le professeur Gressot; les décors ont été exécutés par M. Bandinelli.

[1] A la suite de l'inauguration du culte de la Raison, l'église du collége avait reçu des décors analogues aux cérémonies révolutionnaires célébrées dans son enceinte. Une figure collossale de la Liberté était peinte sur la muraille du chœur en face de l'entrée. La pose et les attributs de cette figure exécutée par Dupaty étaient empruntés à ceux que présentent en petit les assignats de cinquante livres, de la création du 14 décembre 1792. La déesse assise, tenait dans sa main droite des couronnes de laurier, la gauche appuyée sur un gouvernail, à ses pieds un coq, symbole de la vigilance et un globe, emblême de son empire. Au-dessous était figuré un autel, orné du niveau triangulaire à fil à plomb. C'est devant cette peinture, sur le retable que s'asseyait la femme personnifiant la Raison, dans les fêtes civiques ou décadaires.

A l'entrée du chœur, les anciens autels latéraux avaient été remplacés par des autels peints sur les murs. Leur entablement reposait sur des canons debout, simulant des colonnes. Ils étaient décorés des drapeaux de la République et dédiés à la mémoire des héros morts pour la patrie. En 1833, cet édifice fut réparé et blanchi à l'intérieur; mais avant cette opération M. Antoine Béchaux, membre de l'administration du collége, fut prié de prendre des croquis des restes de peinture et des inscriptions qui subsistaient encore, travail qu'il exécuta avec une grande habileté, et dont il a fait présent à la bibliothèque avec les restes d'inscriptions encore lisibles. Au centre de l'un des autels latéraux, on lisait dans un cadre peint: *Il fut humain dans la guerre et clé-*

les intempéries de l'atmosphère. Les élèves se rendaient librement dans ce local et emportaient les ouvrages qui étaient à leur convenance ; les uns s'amusaient à déchirer les titres ornés et les gravures ; d'autres n'enlevaient que les couvertures des ouvrages proprement reliés dont ils arrachaient les feuillets, qu'ils jettaient ensuite au vent ; les plus modérés se bornaient à lancer, du haut de la tribune, les plus gros volumes qui venaient rebondir sur les dalles sonores. De là ces livres passaient entre les mains des enfants du voisinage, qui les mettaient en lambeaux ou les vendaient aux épiciers. Et n'allez pas croire que les élèves seulement aient pris part à ces actes déplorables de vandalisme : lorsqu'en 1821, on reconstruisit le théâtre du collége, on prit les volumes qui se présentèrent les premiers pour en fabriquer les décors ; les Chrysostôme, les Ambroise, les Augustin, furent métamorphosés en chaumières, en forêts, en paysages ! On peut vérifier le fait encore aujourd'hui. Enfin, vers 1832, lorsque la moitié de ces ouvrages fut emportée ou lacérée ; lorsque ceux qu'avait épargnés la manie de destruction, furent tronqués en partie, salis, couverts d'une boue fétide résultant de la poussière et de l'humidité, ou dévorés par une moisissure indélébile, l'administration du collége chargea M. le professeur Mislin de les faire transporter dans une salle du collége, en l'autorisant à les vendre, s'il rencontrait des

ment dans la victoire ; les inscriptions inférieures ne présentaient plus que quelques mots sans suite. Deux cartouches, de chaque côté de la nef, renfermaient des maximes civiques et républicaines. On lisait dans ceux à droite :

1° *Nul n'est homme de bien, s'il n'es t franchement et religieusement observateur des lois.*

2° *Nul n'est bon citoyen, s'il n'est bon fils, bon père, bon frère, bon ami, bon époux.*

Dans les cartouches à gauche.

1° *Les peuples libres ne reconnaissent d'autres motifs de préférence dans leurs élections. que les vertus et les talens.*

2° *Tous les hommes sont égaux par la nature et devant la loi.*

àmateurs. Un certain nombre fut vendu comme *vieille théo-logie*; les autres furent rangés pêle-mêle dans une salle spéciale qui portait le nom de Bibliothèque des Capucins, apparemment parce qu'on avait reconnu qu'un grand nombre de volumes avait cette provenance.

A la fin de l'année scholaire de 1833, M. Mislin fut nommé principal, en remplacement de M. Cramatte, dé-missionnaire, et devint, suivant l'usage, dépositaire de la clé de la bibliothèque jusqu'en 1835, où M. Piquerez, professeur, fut nommé bibliothécaire, fonctions qu'il rem-plit seulement jusqu'en novembre 1836.

Dans cet intervalle, l'administration du collége fit l'ac-quisition de quelques traités d'algèbre et de géométrie, d'un certain nombre de volumes d'histoire ancienne et gé-nérale, et de quelques classiques destinés à former le noyau d'une nouvelle bibliothèque des écoliers. Ces ou-vrages leur étaient prêtés, moyennant une petite rétribu-tion annuelle qui consistait dans le 10 pour cent du prix d'acquisition. D'autres ouvrages furent achetés pour la bi-bliothèque, entr'autres la partie botanique de l'Encyclopé-die méthodique; le règne animal de G. Cuvier; les traités d'économie politique de J. B. de Say et de Sismondi; le cours de littérature de Laharpe, et quelques autres moins importants.

Ces ouvrages ne pouvaient plus trouver place dans les rayons qui étaient tellement remplis et serrés, qu'on ne pouvait en arracher un volume sans y laisser des débris de la couverture; d'ailleurs la place n'eût-elle pas manqué, qu'on n'aurait pas su laquelle assigner à de nouvelles acqui-sitions dans cette bibliothèque où toute classification mé-thodiqne avait disparu. Ces circonstances qui ne permet-taient point d'utiliser cette collection sans de longues recherches pour trouver le volume désiré, le désordre et la confusion qui y régnaient, faisaient vivement souhaiter une réorganisation trop longtemps différée.

III.

Réorganisation de la Bibliothèque.

Cette réorganisation ne présentait qu'une difficulté sérieuse, celle de couvrir les dépenses des réparations matérielles nécessaires ; le local était trop petit ; il fallait l'aggrandir ou en choisir un autre qui pût servir à cet usage ; un grand nombre de volumes périclitaient de vétusté, des frais de reliure devenaient inévitables.

L'administration du collége[1] portait un vif intérêt à cette collection et ne cessait d'appeler l'attention du gouvernement sur la nécessité de faire quelques sacrifices, afin de lui rendre sa destination forcément suspendue. MM. Stockmar et Neuhaus, conseillers d'Etat, partageaient les vues de l'administration et se montraient jaloux de seconder ses efforts. La demande d'un crédit de 800 francs fut portée au conseil-exécutif, qui vota cette somme, malgré l'opposition de la minorité.

Avant d'entreprendre les travaux, il fallait déterminer le local qui serait définitivement affecté à la bibliothèque. L'ancienne église du collége paraissait remplir toutes les conditions désirables pour un dépôt de cette nature : son enceinte spacieuse, bien éclairée, couverte d'élégantes moulures, nouvellement réparées et rafraichies, jetées avec une profusion luxuriante, aurait offert un local magnifi-

---

[1] Le bureau d'administration du collége était alors composé de MM. Choffat, préfet du district, président ; Moritz, maire, vice-président ; Varé, curé ; Thurman, directeur de l'école normale ; Marchand, inspecteur des forêts ; Péquignot, landammann en 1846 ; et Favrot, président du tribunal.

que pour une bibliothèque. M. l'ingénieur Baczynski fut
chargé de préparer les plans et devis des galeries circulai-
res qui devaient être établies autour de l'enceinte et par-
tager les rayons en trois séries superposées, tout en per-
mettant à l'observateur d'en embrasser l'ensemble d'un
coup d'œil. Les plans et les détails d'ornementation furent
tracés avec goût et talent; mais l'administration recula
devant les dépenses exorbitantes qu'aurait nécessitées l'e-
xécution. D'ailleurs, ce n'était point sans regret que la
population de cette ville aurait vu changer la destination
de cet édifice, que le conseil communal avait fait restau-
rer à grands frais, dans l'intention de le rendre à l'exercice du culte, à l'usage du collége. Ce projet fut donc
abandonné, ainsi que plusieurs autres moins satisfaisants,
et l'on reprit celui qui avait la priorité, et pouvait recevoir une exécution convenable sans de fortes dépenses.
L'ancienne salle de la bibliothèque fut mise en communi-
cation par un escalier en spiral avec une autre salle im-
médiatement située au-dessous de la première et présentant les mêmes dimensions.

Les principales dispositions matérielles étant arrêtées,
l'administration eut à s'occuper de la partie intellectuelle
qui devait recevoir une réorganisation totale. M. Péquignot fut chargé de cette tâche importante et M. Trouillat, professeur, lui fut adjoint pour l'aider dans ses travaux.

Le désordre et la confusion, qui régnaient dans cette
collection, rendaient indispensable un triage général des
volumes: pour procéder avec méthode, on dut extraire
successivement des rayons, les ouvrages qui devaient former les quatre grandes divisions de la bibliothèque, et les
subdiviser ensuite, suivant la classification que compor-
taient le nombre et la nature des ouvrages. Les éditions
du 15e siècle, dites *incunables*, furent l'objet des pre-

mières recherches; on les plaça dans une autre salle, afin
d'en former plus tard une section distincte.

Les ouvrages de théologie, disséminés dans toutes les
parties de la bibliothèque, en furent ensuite extraits, et
soumis incessamment à une classification méthodique, suivant les différentes divisions de cette science. On avait
soin, au préalable, d'en dresser le catalogue mobile, détaillé sur des cartes distinctes. Cinq ou six cents volumes,
qui formaient toute la théologie conservée dans la bibliothèque proprement dite, subirent cette opération, sous
la direction de M. Péquignot.

Pendant le cours de ces travaux, la bibliothèque s'enrichit d'une acquisition fort importante, celle des 51 premiers volumes des *Acta Sanctorum*, nommés vulgaire-
ment les *Bollandistes*. Cet ouvrage provenant de la bibliothèque de l'ancien monastère de Bellelay, était en
possession des héritiers de M. Fleury, ex-religieux de
cette abbaye, et plus tard professeur de théologie au collége de cette ville. La bibliothèque de cet ecclésiastique,
vendue à l'encan, renfermait un grand nombre d'excellens ouvrages; notre collection possède encore de cette
provenance, l'édition allemande du *Speculum humanae
Salvationis*, de 1472; la Bible grecque, éditée à Zurich
en 1730, formant 4 vol. in 4°, et un catalogue nécrologique (manuscrit) du personnel de l'ancienne abbaye de
Lucelle.

La section de bibliographie s'augmenta de deux ouvrages indispensables: du *Dictionnaire des ouvrages anonymes
et pseudonymes* de Barbier et de l'*Allgemeines bibliographi-
ches Lexicon* de Ebert, achetés par l'administration.

M. Péquignot ne poussa pas plus loin sa coopération
aux travaux de la bibliothèque; il demanda sa démission,
en l'accompagnant d'un rapport circonstancié sur le mode
de classement suivi dans cette réorganisation. M. Trouillat

fut ensuite nommé blibliothécaire et chargé d'accomplir cette mission , entreprise depuis trois mois. (Nov. 1837).

La théologie qui formait la partie la plus nombreuse des ouvrages mis à la réforme sous le gouvernement français , disséminée dans deux autres salles parmi des ouvrages de différentes espèces , n'avait été ni triée ni classée. Le bibliothécaire en fit un triage minutieux , afin de réunir les volumes d'un même ouvrage, les classer dans leurs divisions respectives , en dresser le catalogue mobile, et séparer les doubles. Tous les ouvrages qui n'existaient pas encore dans la bibliothèque proprement dite, y furent réintégrés dans les divisions qui leur sont propres. Les différentes parties de la bibliothèque subirent successivement la même opération et furent soumises à un classement méthodique.

C'était peu de refondre le classification , si l'on n'avait pris des mesures pour conserver un grand nombre d'ouvrages périclitant de vétusté , ou tombant en lambeaux. Un atelier de reliure fut établi dans la bibliothèque même , vers la fin de février 1838 ; et maintenu jusqu'au mois d'octobre suivant. Environ 400 volumes furent reliés à neuf, et près de trois mille furent l'objet de réparations plus ou moins importantes, qui effacèrent l'aspect triste et délabré que cette collection présentait auparavant.

Il serait oiseux de suivre tous les détails de cette pénible réorganisation , où la besogne était décuplée par la nécessité de transporter les volumes tantôt dans une salle , tantôt dans une autre, suivant les exigences de l'architecte qui présidait aux réparations matérielles. La classification disparaissait dans cette manipulation fréquente , et le bibliothécaire devait la reconstituer chaque fois , réunir les volumes épars, entassés pêle-mêle par les ouvriers souvent illettrés , qu'il avait à sa disposition. Ce n'était pas une petite tâche de manipuler ainsi 12 à 13 mille volumes et de les classer sur-le-champ, pour éviter un plus grand désordre, dans une accumulation prolongée.

C'est au milieu de ces embarras sans cesse renaissans, que le bibliothécaire fut informé par l'administration du collége, que la société géologique de France avait désigné Porrentruy, pour sa réunion annuelle, dans le courant de septembre 1838, et chargé de rédiger le catalogue des incunables de cette bibliothèque, pour être livré à l'impression et offert à cette réunion scientifique. Le temps pressait; le bibliothécaire se mit à l'œuvre; M. Thurmann, directeur de l'école normale, voulut bien lui prêter le concours éclairé de sa collaboration, afin d'accéler ce travail qui fut accompli pour l'époque fixée.

Il est regrettable que la brièveté du temps n'ait pas permis de donner à cette œuvre les développemens bibliographiques dont elle est susceptible. Au lieu de faire descendre la série de cette classe d'ouvrages jusqu'à l'année 1550, il eût été plus à propos de la limiter aux seules éditions du 15e siècle, assez variées dans notre bibliothèque, et d'accompagner leur signalement d'une courte analyse littéraire ou scientifique, suivant le cas, et de quelques notes sur les principaux imprimeurs des premiers temps de l'imprimerie. Cette publication intéresserait un plus grand nombre de lecteurs, sans lui enlever son mérite aux yeux des personnes versées dans la spécialité, qui ne recherchent que des signalements bibliographiques nettement définis.

Lorsque les réparations des salles destinées à renfermer cette collection furent achevées, le bibliothécaire fut invité à y réunir encore la petite bibliothéque qui existait dans le bâtiment du séminaire. Un certain nombre de volumes, triés parmi les ouvrages mis à la réforme, en avaient formé le noyau; M. Voirol, ancien religieux de Bellelay, nommé professeur de théologie dans ce séminaire, lors de

son rétablissement en 1824, y avait ajouté sa collection
particulière, composée de 250 à 300 volumes de théologie
-et d'histoire ecclésiastique. Ces livres, réunis à la bibliothèque, du collége, y furent classés dans leurs divisions
respectives.

La classification générale et particulière fut achevée
pour la réunion de la société géologique de France, dont
quelques membres en parcoururent les différentes subdivisions, avec beaucoup d'intérêt. Le catalogue mobile
qu'on n'avait pu terminer pour la même époque, fut com-
plété pendant l'hiver de 1839. Ce catalogue, qui embras-
se tous les ouvrages de la bibliothèque, disposé d'abord
en classification méthodique dans le cours de la réorganisation', fut transformé en catalogue alphabétique, et trans-
crit dans des registres, qui présentent le titre des ouvrages, le nombre des volumes, les observations y relatives,
avec le numéro de la section et l'indication du rayon qui
les renferme. Le travail de copie fut exécuté par M.
Ignace Fleurot, qui fut également chargé de peindre les
titres au dos des volumes qui n'en avaient point.

Les classiques grecs et latins, provenant de l'ancienne
bibliotheca pauperum, furent classés dans une salle spéciale, à l'usage des élèves ; les ouvrages doubles mis à
l'encan ; les plus estimés se vendirent à bas prix ; ceux
que ne recommandent plus leur mérite particulier, ni l'état
de la reliure, ne trouvèrent point d'amateurs et furent
relégués, en attendant, dans une cellule du séminaire.

Telles sont les différentes phases que cette bibliothèque a parcourues depuis son origne jusqu'au moment
actuel. Si nous avons à nous féliciter de ses acquisitions
précieuses, à la suite des événemens politiques qui ont
pesé sur notre patrie, nous devons déplorer aussi l'indif-
férence, sinon l'incurie blâmable, qui a présidé à la conservation de l'ensemble, sans laquelle cette collection se-

rait aujourd'hui l'une des plus nombreuses et des plus remarquables de la Suisse.

Nous ne terminerons pas ce rapport sans donner un
exposé du système bibliographique adopté dans la classification de cette bibliothèque, et de la statistique des ouvrages les plus remarquables qu'on y rencontre. La plupart
des bibliographes suivent, dans la classification , l'ordre
graduel de nos connaissances et placent les livres destinés
à l'étude des langues, en tête de leurs catalogues. De l'art
de formuler ses idées, ils passent à la science qui dirige
l'entendement, et poursuivant ainsi l'affiliation naturelle
des connaissances humaines, ils parviennent à les renfermer toutes dans des limites liées entre elles, d'une manière
plus ou moins intime et méthodique.

Dans notre classification, nous avons dû concilier les
exigences du local avec les systèmes bibliographiques ,
afin de mettre les livres, d'un usage fréquent , plus à la
portée des personnes qui fréquentent la bibliothèque. Sauf
quelques modifications dans les détails de subdivision ; à
part la classe des *incunables* , confondus dans la plupart
des collections de livres, et qui forment dans la nôtre, une
division distincte, nous avons suivi le système qui nous a
paru le mieux approprié au choix et au nombre de nos ouvrages, celui de M. Debure, qui commence par l'Ecriture
sainte et comprend cinq classes : la *Théologie,* la *Jurisprudence,* les *Sciences* et *Arts,* les *Belles-lettres,* l'*Histoire.*

Les incunables, par les singularités typographiques ,
comme par les enluminures habituelles qui les distinguent,
forment la transition naturelle des manuscrits du moyen
âge qu'ils imitent souvent, aux éditions plus parfaites du
16e siècle. Avant d'aborder cette classe qui figure en
tête de notre bibliothèque nous citerons les plus importants parmi le petit nombre de manuscrits qu'elle possède.

On a lieu d'être étonné que la seule bibliothèque publique de l'ancienne principauté de Porrentruy , qui possédait quatre abbayes très anciennes , renferme si peu de manuscrits. Le chapitre de Moutiers-Granval , celui de St-Ursanne dont l'origine remonte au 7e siècle ; l'abbaye de Lucelle fondée en 1124 , celle de Bellelay , en 1136 , le chapitre de l'église cathédrale possédaient des manuscrits , qui ont été disséminés à la révolution française , ont passé dans des biblothèques étrangères , ou se sont irrévocablement perdus. Ceux que nous possédons proviennent, presque tous , de la bibliothèque du château de Porrentruy , réunie à celle du collége en 1787. Ce sont, pour la plupart , des ouvrages de liturgie ou de théologie ascétique. 1° Le plus ancien est un *Graduel* du 12e siècle, avec plain-chant, sur velin , in 4°, provenant de la bibliothèque de Bellelay , et donné à notre collection, en 1842 , par M. Rédet, archiviste à Poitiers. Une des pages de ce livre présente un acte de donation faite par Reinbald de Spechbach à ce monastère, dans laquelle Gérolde , son premier abbé , figure comme témoin , avec Henri et Walter de Larg, Liéfroid de Buix , les frères Gérald et Théodoric de Pleujouse. Il est à remarquer que ces derniers paraissent dans plusieurs chartes de l'évêché de Bâle , depuis 1136 jusqu'à 1161 , observation qui détermine approximativement la date de ce livre , indépendamment des autres caractères propres à cette époque.

2° Un *missel* , petit in folio , sur vélin , sans date. Des connaisseurs la fixent au 13e siècle ; nous ne pouvons y reconnaître que l'écriture de la fin du 14e.

3° Deux livres de liturgie , sur vélin, in folio ; l'un a pour titre : *Liber benedictionum , ordinationum et consecrationum* ; l'autre: *Ordo officiorum, consecrationum et benedictionum.* Le premier offre à l'intérieur de quelques majuscules ornées , les armes de Jean de Venningen , évêque de Bâle, en 1459. Ces armes qui sont de sable, à deux bâtons fleurdelisés d'or passés en sautoir, écartelées de celles de l'évêché de Bâle, d'argent au cornet de gueules, paraissent avoir été appliquées sur des enluminures préexistantes ; ce qui ferait remonter la confection de ces manuscrits, à une date antérieure à 1459,

4° L'ouvrage de *Jacques de Voragine*, qui a pour titre : *Legenda aurea sanctorum*. L'écriture appartient à la fin du 14ᵉ siècle. Sur vélin, petit in folio.

5° Une traduction latine des *Ethica d'Aristote*, in folio, sur vélin et papier intercalés alternativement, avec notes interlinéaires et marginales. Ecriture du 15ᵉ siècle.

6° La Bible, en latin, trois volumes grand in folio, écriture cursive, sur papier, avec majuscules richement enluminées. Le dernier volume renferme les adjonctions de Paule de Ste. Marie, évêque de Burgos, aux commentaires de Nicolas de Lyra, on lit au commencement de ce volume : *Incipiunt additiones ad postillas magistri Nicolai de Lyra super Bibliam, editæ a Rev. patre domino Paulo de Sta Maria, magistro in Theologia, episcopo Burgensi..... quas Alfonsio decano Compostellano, filio suo in legitimo matrimonio direxit, promittens ei perlogium sub forma sequenti. Finivit autem eas, anno Domini MCCCCXXIX.* L'écriture de cet ouvrage paraît remonter au milieu du 15ᵉ siècle.

7ᵉ CASSIANUS. *Instituta et collationes Sanctorum Patrum.* Sur velin, in folio. Une note qui termine l'ouvrage, nous apprend que le copiste l'a terminé en 1425, la veille de la fête du cœur de Jésus, à deux heures après midi. *Deo gracias.*

8° *Breviarium Basiliense.* Sur velin, petit in 4°. On reconnaît sous des ratures un écusson armorié qui paraît être celui de Arnold de Rotberg, doyen de l'église cathédrale de Bâle, promu à l'épiscopat en 1451. Ces armes n'étant point écartelées de celles de l'Evêché, on peut en induire que cet ouvrage est antérieur à sa promotion. Il passa ensuite à son successeur Jean de Venningen, qui a consigné de sa main, dans une des pages du calendrier en tête de l'ouvrage, une note relative à l'acte de 1461, par lequel cet évêque a racheté, pour 22,000 florins, la ville de Porrentruy et plusieurs villages environnants, hypothéqués aux comtes de Montbéliard, en 1386, 5 juillet. Ce manuscrit trouvé par le bibliothécaire dans un caveau de l'hôtel de ville parmi des papiers sans valeur, a été donné à la bibliothèque par le conseil de bourgeoisie, en 1839.

9° Un glossaire de jurisprudence intitulé : *Repertorium Dominici de S^{to} Gerviniano*. Ecriture cursive du 15e siècle, sur papier, in folio.

10° Un *Graduel*, sur velin, petit in 4°, orné de belles arabesques rehaussées d'or. Du 15e siècle.

11° Un ouvrage de théologie ascétique, en allemand, petit in 4°, écriture cursive. Livre écrit par ordre de Jeanne de Morimont, en 1428. Cette personne, none au couvent de Stein, à Bâle, était fille de Pierre de Morimont (Mörsperg) tué à la bataille de Sempach.

12° Une instruction pour la confession, en allemand, sur papier, in 4°, écriture cursive, de 1443.

13° Un ouvrage de théologie ascétique et de morale, sur velin, in 8°, du commencement du 15e siècle.

14° Un recueil de fragments de règles d'ordres monastiques, petit in 8°, sur papier, écriture cursive, de la fin du 15e siècle. On y lit une note de même date : *Liber domûs Domini Florencii in Daventria*.

15° Un *Missel*, sur velin, in folio, avec de belles enluminures, aux armes de Christophe d'Uttenheim, évêque de Bâle en 1502. L'écu de sable, à la bande d'or en écharpe.

16° Un *Rituel*, sur velin, petit in 4°, avec un certain nombre de pages ornées de magnifiques encadrements, et quelques miniatures en grisaille, d'une grande beauté. On remarque sur plusieurs feuillets les armes de Melchior de

Liechtenfels, évêque de Bâle, en 1554. L'écu est de sable avec une hache et un aileron d'or, écartelé des armes de l'Evêché.

La bibliothèque possède en outre trois manuscrits persans. L'un est un ouvrage de théologie et de philosophie dont les pages sont encadrées de filets d'or. Le 2e est formé par quelques feuilles détachées d'une histoire de Perse, en prose. Un titre de chapitre écrit en rouge peut ainsi se traduire : *Relation de l'arrivée de Siaauch en Chine et de ce qui s'y est passé.* Le troisième est une histoire d'Alexande-le-Grand. La traduction des dernières lignes exprime ce qui suit : « *Histoire d'Alexandre-le-Grand, par le Révérend Nizzam-Eddin, écrivain, demeurant près la ville de Hindou, dans la maison impériale de......, au mois de djemmazi elevel, 18 de l'hégyre, sous le règne de Mehémet Schah, qui est possesseur des Indes, de la Perse, de l'Arabie, etc. Le possesseur du livre est Mézif-Mehémet, Azan-Bey* (grand prince) *fils de Mézif Hézam-Bey.* » [1]

Indépendamment de quelques autres manuscrits qui n'offrent rien de remarquable, on en rencontre quelques-uns dans notre collection qui ne sont point sans importance pour l'histoire de l'Evêché. Nous citerons :

Un catalogue nécrologique des principaux personnages de l'abbaye de Lucelle, in folio, rédigé par Bernardin Walch, en 1759.

Un recueil de priviléges, chartes, et titres relatifs à la même abbaye, réunis par un religieux de ce monastère, en 1638, un vol. in folio.

Deux volumes du journal de Lucelle, (diarium) de 1655 à 1659, sous la prélature de Bernard Buchinger, auteur de l'*Epitome fastorum Lucellensium.*.

---

[1] Ces manuscrits persans ont été déterminés par M. Reiss-Effendi-Dervich, ingénieur des mines de l'empire ottoman, dans une excursion géologique à Porrentruy, en 1839.

Nous passons à la classe des Incunables qui présente
un certain nombre d'éditions très recherchées aujourd'hui
par les amateurs. Nous nous bornerons à citer les plus importantes, déjà décrites dans le catalogue publié en 1838,
que l'on pourra consulter pour de plus amples détails.

I.

INCUNABLES. (Sections 1. 2 et 3.) La quatrième édition
latine de la Bible, imprimée vers 1468 ; un Juvénal de
1468 -- 69 ; l'édition originale de Valère - Maxime de *vers*
1470 ; la 1re édition allemande du *Speculum humanae salvationis*, avec de nombreuses gravures sur bois d'une
grande originalité, de *vers* 1472 ; la belle édition de Virgile de 1475 ; l'édition originale de PLATINA, *Vitae paparum*, de 1479 ; AUGUSTINUS, *De civitate Dei*, de 1479 ; la
8e édition allemande de la Bible, de 1480 ; la Cosmogra-
phie de Ptolomée, avec 32 cartes géographiques gravées
sur bois, de 1486 ; l'Histoire des Juifs, de Flav. Joseph ;
de la même année ; BOETIUS, *De consolat. philosophiae*, de
1491 ; l'édition originale de la Polygraphie de Jean Tri-
thème, de 1518 ; la deuxième édition de la Bible, traduite par Martin Luther, (le nouveau testament, de 1522 ;
l'ancien, de 1523), avec gravures sur bois ; l'histoire naturelle de Pline, de 1530, etc. etc.

II.

THÉOLOGIE. *Ecriture sainte, avec ses interprètes, critiques
et commentateurs.* (Sections 4 et 5). La Bible polyglotte de
Paris, celle d'Anvers ; des bibles hébraïques ; la bible
grecque de Breitinger ; le nouveau testament de Baskerville et d'autres ; la *Biblia maxima* de J. de la Haye ; celle
de Seb. Castellion, et un grand nombre d'autres en latin ;

bibles espagnoles, et italiennes ; bibles françaises de Dom
Calmet, de Vence, de le Maistre de Saci, de l'Université
de Louvain, de Genève, de David Martin ; bible en Anglais ; bibles allemandes de Jean Dientenberger, de Rosa-
lino, (catholiques), de Martin Luther ; le nouveau testament de Zwingle, de Fischer, etc., etc. *La Physica sacra*,
de Scheuchzer ; le Dictionnaire de la Bible de Dom Calmet, celui de Simon ; plusieurs concordances et ouvrages
critiques ; etc. etc. ; Bible en iroquois.

Les commentaires de *Cornelius à Lapide*, de Nicolas de
Lyra, plusieurs commentaires spéciaux : Leblanc, Hugue
de St. Cher, Salmeron, Villalpanda, Lorinus, Tirinus,
Toletus, Maldonatus, Pererius, Pineda, Pintus, Delrio,
Jansenius, Serarius, Mendoça, Loretus, Alcasar, Sa, Stel-
la, de la Haye, Erasme, du Contant de la Molette, Berthier, etc., etc. Théodore de Bèze, Grotius, etc.

Saints Pères. (Section 6) La bibliothèque des Pères, en
27 vol. in-fol. ; St. Denis l'aréopagiste, Philon Judeus, St.
Justin, St. Irénée, St. Clément d'Alexandrie, Tertullien,
Origène, St. Cyprien, Eusèbe, St. Athanase, St. Hilaire,
St. Grégoire de Nysse, St. Ephrem, St. Basile, St. Gré-
goire de Naziance, St. Ambroise, St. Ephiphane, St. Jean
Chrysostome, St. Jérome, St. Augustin, St. Cyrille d'A-
lexandrie, Marius Mercator, St. Léon-le-Grand, Salvia-
nus, Eugyppius, Grégoire de Tours, St. Grégoire-le-Grand,
St. Jean Damascène, le vénérable Bède, Raban Maure,
Hincmar, St. Anselme, Hugue de St. Victor, Rupert, St.
Bernard, St. Bonaventure, Jean Gerson (Charlier), Bos-
suet. Quelques ouvrages critiques sur les St. Pères.

Conciles et *Liturgies*. (Section 7.) Plusieurs grands ouvrages relatifs aux conciles, et aux assemblées synodales.
La somme des conciles de Bail ; les actes de l'église de Mi-
lan, etc.

Différents ouvrages de liturgie ; une belle édition du

Bréviaire romain, en 2 vol. in folio. Plusieurs bréviaires, rituels, ect., particuliers.

Théologiens scholastiques et *dogmatiques*. (Section 7, 8 et 9.) Tournely, Simonnet, Bailly, Billuart, Thomas, Monschein, Mayr, Antoine, Gerbert, Bergier, etc.

St. Thomas d'Aquin, Caïétan, Petau, Vasquez, Suarez, Grégoire de Valence, et un grand nombre de traités spéciaux.

Gretzerus, Bellarmin, et une foule d'ouvrages de controverse.

Théologie morale. (Sections 9 et 10.) Layman, Sætler, Reuter, Collet, Voit, Holzmann, Escobar, Lohner, Busenbaum, Jansen, Sporer, Reiffenstuel, Caramuel, Gobat, A. de Ligori, etc.

Sanchez, Vasquez, Suarez, Fillucius, Azorius, Ferd. de Castropalao, Reginaldus, Tamburinus, Molina, etc.

Le dictionnaire des cas de conscience de Pontas, celui de Lamet et Fromageau, et un grand nombre de traités spéciaux de théologie morale et pastorale.

Théologie hétérodoxe. (Sections 10 et 11.) Les œuvres complètes de Martin Luther, en allemand; les mêmes en latin; Melanchton, Brentius, Buccrus, Calvin, Th. de Bèze, Chamières, Pierre du Moulin, Philippe de Mornay, et beaucoup d'ouvrages de controverse allemands et latins.

Théologie non chrétienne. L'alcoran de Mahomet, par du Ryer.

Sermonaires et *Catéchismes.* (Sections 11 et 21.) Bibliotheca prædicabilis du P. Mansi, 4 vol. in folio; S. Caroli Boromei, conciones, 2 vol. in folio; Scientia concionnatorum du P. Bignoni; Th. Lohner, Knellinger, Vieira, Kiselius, et un grand nombre d'autres en latin.

Panegirici del P. B. Donati; L. Albrizio; Avvento sacro del P. S. Leggi; Sermoni del P. Oliva, et quelques autres sermonaires italiens.

Bourdaloue, Massillon, Fléchier, Houdry, Le Jeune, Cheminais, Terrasson, La Rue, Cochin, Simon de la Vierge, Anselme, Pallu, Giroust, Loriot, Lafiteau, Richard, Biroat, Molinier, etc.

Raschig, Predigten; Hartmann, Wagner, Uhle, Froriep, John Fortin, Lindemayr, Tschupick, et une grande quantité d'allemands.

Tillotson, Sermons on several Subjects, et quelques autres anglais.

Canisius, Opus catechisticum; Turlot, doctrine chrétienne, et plusieurs catéchismes de différens diocèses.

Théologie ascétique. (Sections 12 et 13.) Les œuvres de St-François de Sales, de St.-Louis de Grenade, de Mme de la Motte Guyon, du P. G. F. Berthier, de Baudrand; Alph. Rodriguez, Druzbicki, Giraudeau, et un nombre considérable d'opuscules, trop longs à détailler.

II.

Jurisprudénce. *Droit canonique*. (Sections 13, 14 et 15) Bullarium, comprenant une collection de bulles de l'an 450 a 1748 ; Bibliotheca juris canonici veteris ; Decretum Gratiani ; Decretalium libri VI ; Corpus juris canonici cum notis Petri et Francisci Pithæorum ; Fagnanus, Gonzalez, Gibert, Engel, Schmalzgruber, Pirhing, Reiffenstuel, Barbosa, Wiestner, Card. de Luca, Abbas Panormitanus, et plusieurs traités spéciaux. — Thomassin; Cl. Blondeau, Fevret, Guy du Rousseaud de Lacombe, etc. etc.

Droit ecclésiastique de France et des corps religieux. (Section 15). Recueil des mémoires du clergé de France; abrégé de ces mémoires; rapports de l'agence du clergé ; procès-verbaux, etc, formant une collection en 31 volumes grand in-folio. Bullarium Capucinorum; Instituta Societatis Jesu ; Mabillon, De studiis monasticis; et un certain nombre de traités particuliers.

Böhmer, Jus ecclesiasticum protestantium, etc.

Droit naturel, droit public, droit des gens. (Section 16.) Corps diplomatique du droit des gens, par Dumont, avec le supplément de Barbeyrac et Rousset, formant en tout 13 vol. gr. in folio. Négociations secrètes touchant la paix de Munster et d'Osnabrug, 4 vol. in fol.; Histoire des traités de paix du 17ᵉ siècle depuis celle de Vervins jusqu'à celle de Nimègue, 2 vol. in-fol. Von Meyeren, Acta pacis Westphaliae; Lünig; Reichs-Archiv, 24 vol. in-fol.; Codex diplomaticus germaniae, 2 vol. fol.; Staats-consilia, 2 vol. fol.; Codex Italiæ diplomaticus, 4 vol. fol. et plusieurs autres recueils du même auteur. Guden, Codex diplomaticus; Hempel, Saats-Rechts Lexicon; Histoire des négociations de la paix de Vestphalie, du P. Bougeant, S. J.; Hugues Grotius, le droit de la guerre et de la paix, trad. par Barbeyrac; de Pufendorf, droit de la nature et des gens; Mémoires de Lamberty; Testament politique d'Alberoni, etc. etc.

Droit des Grecs. Droit civil ou romain. (Section 17, 18 et 19.) *Jurisprudentia vetus, Draconis et Solonis leges.* Terrasson, histoire de la jurisprudence romaine; Sigonius, De antiquo Jure romano; Bouchaud, commentaire sur la loi des Douze tables; Basilikón libri L X, Gr. lat. ex versione Car. Annib. Fabrotti, 7 vol. in-fol., sur grand papier; Digestorum seu Pandectarum libri L; Corpus juris civilis cum notis Gothofredi; les commentaires de Bartoli, de Baldus, de Zasius, d'Alciat, et de beaucoup d'autres, sur le droit romain en général. Le *Lexicon juridicum* de Hempel; l'*Oraculum juris*, en 17 vol. in-folio; la *Bibliotheca juridica* de Speidelius; les lois civiles, avec le *Legum delectus*, de Domat, etc., etc.

Un grand nombre de commentaires sur des titres particuliers du droit romain. Menochius, de arbitriis, de prescriptionibus; Tenninus, De cautelis; Peck, De testamentis; Cæpola, De servitutibus, etc. etc.

Les œuvres d'une foule de jurisconsultes , sous le titre général de *Consilia*, *Responsa juris*; *Quaestiones practicae, Sententiae, Conclusiones*, etc. Quelques traités de droit féodal.

Droit français. Anciennes lois des Français conservées dans les coutûmes anglaises ; Traités sur les coutûmes anglo-normandes , par Houard. Ordonnances de Louis XIV pour les matières civiles ou criminelles ; L'esprit des ordonnances de Louis XV , par Sallé. Traité des droits honorifiques , par Maréchal. Traité de la police , par de la Marre ; Pratique civile , criminelle et bénéficiale , par Lange ; Pratique pour la rénovation des terriers, etc, etc.

Oeuvres de Daguesseau, de Patru , de Tourreil , de Cochin ; de Servan ; Plaidoyers et mémoires de Loyseau de Mauléon, etc. Causes célèbres, par Gayot de Pitaval.

Recueil d'ordonnances du roi et du conseil souverain d'Alsace ; arrêts notables du conseil souverain d'Alsace. Chassenay, Consuetudines Burgundiae ; Grivelle, Décisiones Senatus Dolani ; Molineus , Consuetudines Parisiensis parlamenti , etc.

Droit étranger. Decisiones Senatûs Lusitaniae ; consilii Neapolitani ; Senatûs Pedemontani , etc.

Statuta et rescripta imperialia , à Carolo magno , usque ad Carolum V ; Code criminel de l'empereur Charles V ; Constitutio criminalis Theresiana , avec plusieurs planches représentant les instrumens de la torture et le mode de leur emploi ; Lünig , Corpus juris Saxonici ; Corpus juris feudalis Germanici ; plusieurs autres ouvrages relatifs au droit germanique. Les privilèges des Suisses et des villes impériales et anséatiques.

De Lolme , The constitution of England ; Blackstone, Commentaries on the Laws of England.

Jo. Spencer, De legibus Hebræorum ritualibus, eorumque rationibus ; Code des lois des Gentoux ou règlemens des

Brames, etc. Les différentes sections que nous avons parcourues forment la partie de la bibliothèque renfermée dans la
salle supérieure; la section 20, qu'on y rencontre également,
n'appartient pas proprement au système bibliographique
adopté dans notre classification ; elle y forme une catégo-
rie distincte, présentant la plupart des éditions imprimées à
Porrentruy. Pendant la confection du catalogue mobile,
nous avons cherché à reconstituer les annales typographiques de cette localité, en assignant une classe spéciale à
tous les ouvrages de cette nature, que nous avons pu
réunir. Ils sont rangés par ordre de date, sans distinction
des matières, et présentent la succession chronologique
de nos imprimeurs. Cette division qui nous intéresse particulièrement paraît mériter quelques détails.

Editions de Porrentruy. (Section 20.) L'établissement
d'une imprimerie dans cette ville est encore une œuvre de
Christophe de Blarer ; il n'en existait point auparavant dans
cette localité ; les ouvrages imprimés par son ordre, au commencement de son règne, sortent encore des presses de
Fribourg en Brisgau [1]. Tels sont: les *Statuta Basiliensia*

---

[1] Avant la réforme, les livres de liturgie, à l'usage de l'Evêché, s'impri-
maient à Bâle. On sait que l'introduction de l'art typographique dans cette
ville remonte à l'année 1474. A cette date, Bernard Richel y imprima le
premier ouvrage de la typographie bâloise, le *Sachsenspiegel*, in folio. Associé, l'année suivante, à Michel Wensler, il publia les sermons latins de
Robert de Licio. Ces deux imprimeurs travaillèrent ensuite séparément. Le
premier fit paraître, en 1476 une édition allemande du *Speculum humanae
Salvationis*, avec gravures sur bois, et en 1481, un *Fasciculus temporum*,
en allemand. Le second édita, en 1479, l'ouvrage de St. Augustin, *de civitate Dei*, grand in folio, dont notre bibliothèque possède un exemplaire.
Wensler fut aussi quelque temps associé à Frédéric Biel, qui paraît avoir
introduit l'art typographique en Espagne. D'autres imprimeurs se distinguent
encore dans la ville de Bâle, avant la fin du 15e siècle. Jean Amerbach est
connu dès 1478 ; Nicolas Kessler, en 1498 ; Jean Bergman de Olpe, en
1494; Jean Froben, de 1491 à 1527 ; Michel Furter, en 1502.
Au milieu du 18e siècle, la Neuveville possédait une imprimerie : quelques ouvrages furent aussi imprimés à Bienne vers la même époque. On a
commencé à imprimer à Delémont en 1840.

6.

in synodo Thelspergensi... anno MDLXXXI publicata, imprimée en 1583; le *Directorium Basileense*. La profession d'imprimeur dans l'évêché de Bâle, ne pouvait être exercée qu'en vertu d'une autorisation spéciale du Prince-Evêque, qui l'accordait et la retirait à son gré. A Porrentruy, l'imprimeur de la cour payait au trésor une contribution annuelle de 20 livres de Bâle et jouissait du monopole du papier dans l'Ajoie.

1° *Jean Faibvre*, en latin *Faber*, que l'on écrit aujourd'hui Faivre est le premier imprimeur établi à Porrentruy. Le plus ancien ouvrage sorti de ses presses, que nous ayons découvert, date de 1592; c'est un choix des épitres familières de Cicéron, petit in-8°. Cette date coïncide avec celle de la fondation du collége. Cet imprimeur publia en outre : *Quintiliani*, de institutione oratoria, liber septimus, 1593, in 12. *Ciceronis*, orationes pro Licinio, etc., 1594, petit in-8°. Livre de la congrégation du P. F. Coster, mis en français, 1594, in-12. Sacerdotale Basiliense.... Jacobi Christophori Basiliensis episcopi jussu editum, 1595, 2 vol. petit in-4°. *Costeri*, libellus sodalitatis, 1595, in-12. *Guillimanni*, odarum libri duo, 1595, in-12. Instructio Basiliensis in usum canonicorum et presbyterorum, 1597, petit in-8°. *Binsfeld*, enchiridion theologiæ pastoralis, 1598, petit in-8°. Proprium sanctorum collegii Soc. Jesu Bruntruti, 1600, in-8°.

2° De 1600 à 1611, nous rencontrons une lacune que nos éditions ne nous permettent pas de combler. *Christophe Cracoph* ou *Krakau*, en latin Cracophius succède à Jean Faivre. Nous possédons de cet imprimeur : Christliche Consultation, traduit du latin du P. L. Lessius, dédié par l'éditeur à Jean-Christophe Schenck de Castel, gouverneur de la ville et seigneurie de Porrentruy. 1611, in 12. Bulla Cœnæ Domini, 1611, in-12. Une traduction allemande de la vie de St. Stanislas de Kostka, du latin du P. Sacchinus, dédiée par l'éditeur à Anastasie de Ferrette , abbesse du monastère de St. Léger, à Masevaux, 1611, in 12.

3° Une nouvelle lacune se présente de 1611 à 1625. A cette date, *Guillaume Darbellay* était imprimeur dans cette ville. Nous avons de lui : Evangelia und Episteln, 1625 , in-12. Pantheum hygiasticum... de hominis vita ad 120 annos producenda ; auctore Claudio Deodato, medic. doct. episcopi Basiliensis physico ordinario. 1638 , trois tomes in-4°.

On rencontre un certain nombre de pièces imprimées dans cette ville , sans nom d'imprimeur , de sorte qu'il n'est pas possible , au moyen des éditions qui nous sont parvenues, de fixer positivement la date de leur succession immédiate : les mêmes caractères de typographie servant successivement à plusieurs de nos typographes qui prenaient le titre d'imprimeur de la cour.

En 1655 on imprima dans cette ville une Relation en allemand de la réception des députés des sept cantons catholiques et de leur séjour à Porrentruy, du 18 au 22 octobre 1655. Le lieu d'impression et le nom d'imprimeur ne sont pas indiqués.

4° *Jean Henri Straubhaar* paraît en 1655. Il imprime successivement : Deductio, das ist begründte Ausführung des Ihro Gn. Herrn Bischoffen zu Basel an die uhralte Graffschafft Pfirdt zustehenden Rechtens, 1657 petit in-4°. Un appendice à cette réclamation fut imprimé en 1658 , aussi in-4°. — Basilea sacra, sive episcopatus et episcopo- rum Basiliensium origo ac series, 1658 in-8° — Jonas fluc- tuans descriptus et morali doctrinâ illustratus, par Jean Moingenat, chanoine et curé à St-Ursanne ; 1662. in-4° — Miracul-Buch die sich bey unser lieben Frauen Walfarth zu Kuensheim im Elsasz zugetragen, par B. Buchinger , [1]

____

[1] Bernardin Buchinger naquit à Kiensheim, en Alsace, le 22 janvier 1606. Après avoir rempli plusieurs hautes fonctions ecclésiastiques, il fut

abbé de Lucelle ; 1662, petit in-8° — Ursprung, Stifftung
und Auffnahm des Gotts-Hauses Lutzell, par le même, 1663,
petit in-8°. — Rituale Basiliense, authorittae Joan. Conradi
Ep. Basiliensis editum. 1665, in-4°. — Ordonnances de
police de la ville de Porrentruy dressées en 1598, le 6 de
mars; (allemand et français), 1666, in-folio. — Epitome
fastorum Lucellensium, par B. Buchinger, 1667, petit in-8°.

5° *Jean Jacques Surgand* succède au précédent. Il imprime : Fundamentalis informatio.... super feudis Rappols-
teinianis cathedralis ecclesiae Basiliensis. 1674, petit in-4°
— Proprium Sanctorum dioecesis Basiliensis, Jussu Joannis Conradi episcopi Basiliensis editum, 1676, petit in-8°.
— Kirchweihung der neuen Thumstifft Kirchen in Arlesheim, 1681, petit in-4°.

6° Nous rencontrons ensuite *Jacques Bruder* qui tradui-
sait son nom par *Frater* dans les éditions latines. On a de
cet imprimeur : Manuale benedictionum, 1686, in-12° —
Deductio jurium eccles. Basiliensis in castrum, oppida et
dominium Rappolstein, 1692, petit in-4°. — Jura episco-
patûs Basiliensis in comitatum Firretensem, 1692, petit
in-4°. — Une relation allemande de l'arrivée dans cette
ville de la députation des sept cantons catholiques pour re-
nouveler l'alliance avec le prince Jacques Guillaume de
Rinck, du 9 au 12 octobre 1695. petit in-4° 1695.[1] — Pa-
negyricus septem Helveliæ cantonibus à Rhetoribus Brun-

élu abbé de Lucelle, le 16 novembre 1654 Outre les ouvrages qu'il a publiés, il a écrit une chronique volumineuse de Lucelle, sous le titre de
Fasta Lucellensia, dont l'abrégé est imprimé à Porrentruy; une chronique
du monastère de Mulbrunn; une chronique du monastère de Päris, en latin; un livre sur l'art culinaire, en allemand; une collection de chartes;
un recueil d'actes des élections des prélats auxquelles il a assisté. Aucun de
ces ouvrages ne nous est parvenu. B. Buchinger mourut le 5 janvier 1673
Voyez: *Epitome Fastor. Lucel.* pages 221 et 229.

[1] Cette relation présente la description des arcs de triomphe érigés à
Porrentruy à cette occasion, et reproduit les inscriptions qui les décoraient.

trutanis dictus et dicatus , 1696 , in-4°. — Proprium Sanctorum dioecesis Basiliensis , jussu Guilielmi Jacobi episcopi Basiliensis editum , 1697 , in-8°. — Rituale Basiliense , 1700 , in-4°. — Selecta heroum spectacula , 1700 in-12°. Le titre de cet ouvrage présente les armes de l'imprimeur qui consistaient en un cercle formé par un serpent avec cette légende : Omnes peregrini sumus. Au centre deux bâtons de pélerin en sautoir , avec un coquillage marin. — *Jos. Sonnenberg*, Nemesis romano catholica , 1700 , petit in-8°. — Proprium Sanctorum dioecesis Basiliensis, jussu Joannis Conradi ep. Bas. editum , 1710 in-8°. — Une traduction allemande de l'ouvrage du P. Sonnenberg déjà cité , 1711 , in-8°.

7° *Pierre François Cuchot* succède à Jacques Bruder ; parmi les principaux ouvrages sortis de ses presses on remarque : Canisii , catechismus , 1713 in-8°. — Cinquante

Celui qui avait été construit au milieu de la rue principale , simulait une forteresse hérissée d'armes et de bannières. On y lisait sur deux écussons : *Illustrissimis et potentissimis septem Helvetiae catholicæ cantonibus. — Defensoribus suis hoc monumentum erexit Senatus, Populusque Bruntrutanus.* Le *Génie de Porrentruy*, (dit gravement cette relation en reproduisant les principaux détails de cette fête qui frisait la mascarade ,) salua Messieurs les députés et leur fit ce compliment en français :

> Très puissants envoyés , neveux de ces cantons ,
> Héritiers des Débores et du sang de Samson ,
> Qui par leur bravoure ont tant de camps repoussé ,
> Tant de murs défendu , tant de remparts forcé ;
> Entrez joie d'Ajoie , soutien de la Province ,
> Alliés fameux de notre aimable Prince ,
> Dans ses états vous êtes de la paix les tuteurs ;
> Pendant que Mars fier de son soufreux tonnerre ,
> Bruit , bat , sappe , abbat , fait Enfer de la Terre ,
> Sous vos lauriers , cantons , nous goûtons la douceur.
> Illustres ambassadeurs du peuple aimé de Dieu ,
> Conservons toujours un lien si précieux ,
> Et votre nom jamais ne sera limité ,
> Que des bornes du monde et de l'Eternité.

Et l'ingrate histoire ne ne nous a pas transmis le nom du poète ! Musa mihi causas memora,.....

raisons pourquoi la religion catholique doit être préférée à tant d'autres sectes. 1715. Em. Alvari, grammatice, 1716 in-8°. — Epistola pastoralis pro inauguratione Seminarii Bruntruti, 1716, petit in-12; et la traduction française de même format. — J. Spreng, Constitutio Unigenitus vindicata, 1717, in-12: — Rudimenta historica, tom. 1ᵉʳ, 1727 in-8° : — Luciscella illustrata, id est philosophia Thomistica illustrata, 1727, in-8°. — Introductio in dialecticam, par Fred. Voirol, 1728, in-8°: — Rudimenta historica, tom. IIIᵉ 1735 in-8°. — Rudimenta grammatices, 1737, in-8°. — Proprium Sanctórum dioec. Basil., jussu Jacobi Sigismundi Ep. Basiliensis editum, 1738 in-8°. — Traité entre le roi de France et l'évêque de Bâle, 1739, petit in-4°.

8° Après la mort de P. F. Cuchot, sa veuve, ou ses héritières comme l'indiquent leurs éditions, continua l'exploitation de son imprimerie. Nous mentionnerons: Rituale Basiliense, jussu Jacobi Sigismundi editum, 1739, in-4°. — Elementa theologiæ moralis, par Jean Georges Brieff, 1749, in-8°. — Exercitium hebdomadarium, 1754, in-8°. — Dévotion à St. Louis de Gonzague, 1760, in-12°. — Règlement de la conférence des filles de Porrentruy, 1767, in-8°. — Pratique de piété, 1768, petit in-8°.

9° *Jean Joseph Götschy* est le dernier imprimeur du régime épiscopal; ses éditions se distinguent de celles de ses prédécesseurs par un progrès notable dans la typographie, un meilleur choix de caractères, plus de netteté et de goût dans la distribution des lignes et par la mise en pages. On peut citer : Instruction pour la perception de l'accise dans l'Évêché de Bâle, 1776, petit in-8°. — Fest und Ehren Predigen, 1778, in-8°. Un catéchisme du diocèse, en allemand, de même date, in-8°; un catéchisme en français, de 1779, in-8°. — Recueil des particularités de la vie et de la mort de Voltaire, 1781, in 8° [1].

— Vesperale Romanum , jussu Josephi ep. Basiliensis editum , 1785 ,'bonne édition ; in-4°. — Professio fidei romano-catholicæ, par Edmond Deluce, de Porrentruy, religieux de Lucelle , 1785 , in-8° , édition remarquable. — Petit catéchisme du diocèse de Bàle , 1786 , in-12° ; le même en allemand. — Virgilii eclogæ selectæ, 1787, in-8°. — Ciceronis, orationes selectæ, 1788, in-8°. — Processionale ad usum Episcopatus Basiliensis , 1788 , gr. in-8°. — Catéchisme... par ordre de Joseph de Roggenbach, prince-évêque de Bàle ; 1789 in-8°. — Meszgesänge zum Gebrauche des Oesterreischischen Militaires, 1791 , in-18. Opuscule imprimé pour les Autrichiens appelés par le Prince-Evêque.

Nous n'avons point cité un grand nombre de mandements, d'ordonnances et d'autres pièces imprimés depuis le commencement du 17e siècle, pour l'administration spirituelle et temporelle de l'Evêché de Bàle. Ces publications , qui le plus souvent ne présentent point le lieu d'impression ni le nom de l'imprimeur , formaient la principale tâche de l'imprimerie de la cour.

Après la chute du régime épiscopal, J.J. Gœtschy prend le titre d'imprimeur national , sous la République rauracienne. Nous mentionnerons : Bulletin de l'assemblée nationale de la République de la Rauracie , 1792 et 1795 , in-folio , allemand et français.

Il devient ensuite imprimeur du département du Mont-terrible, et édite en cette qualité : Recueil des décrets de la convention nationale dont la réimpression a été ordonnée par le directoire du département du Mont-terrible, 1795, in-4°. — Constitution de la République française , an IV, in-8°. — Préparation d'une eau alcaline pour les grains de

---

[1] Cet ouvrage est attribué à tort à l'évêque Gobel ; l'auteur est le P. Harel ; il a été réimprimé à Paris avec le nom de l'auteur. *Barbier, Dict. des anonymes* n° 19029.

semailles , par Jean Georges Gelin , de Boncourt , 1795 , in-8°. — Découvertes faites sur le Rhin d'Amagétobrie et d'Augusta Rauracorum (par le P. Dunod), avec des digressions sur l'histoire des Rauraques par C. D*** (Casimir Delfils), 1796 , petit in-12°.

Gœtschy, fils , continue l'exploitation de l'imprimerie de son père. On remarque parmi ses éditions : Instructions et prières propres à tous les âges , (par M. Migy, curé de Porrentruy), avec une bonne gravure en taille douce, 1803 , in-12°. — Concordance de l'Ere de la République française avec l'ère vulgaire, (par M. J. G. Quiquerez , maire), 1806 , in-12°. [1]

A M. Gœtschy succéde *Th.-Fréd. Deckerr*. Ses éditions se bornent en général à l'impression d'opuscules futiles , tels que contes de fées, prophéties de Nostradamus , etc. Nous citerons : Programme de la distribution des prix du collège de Porrentruy, 1811 , in-8°. — Catéchisme de l'Empire français , 1812, in-8°. — Oraison funèbre de M. Cunier, décédé à Porrentruy, par Ch.-Ferd. Morel, 1812 , in-8°. — Abrégé de l'histoire sainte , 1813, in-12. Description de la solitude romantique d'Arlesheim, 1813, in-8° — Fables d'Esope , avec mauvaises gravures sur bois, 1814, in-12. — Nouveau Barème du Jura (par M. Parrat), 1818, in-4°.

Le 15 février 1817, cette imprimerie alors exploitée sous la raison sociale Deckerr frères, commence l'édition du *Journal du Jura* (allemand et français), publié sans interruption jusqu'au 30 juin 1832 , sous format in-4°. Cette

[1] L'un des fils de M. Gœtschy a fondé à Paris une imprimerie où il a publié un grand nombre d'ouvrages pour la société du Phénix, notamment les deux premiers volumes du journal des assurances , par MM. Grün et Joliat in-8° 1830 et 31. Les 36 premiers volumes du journal des voyages, par M. Verner, sont également sortis de ses presses de 1821 a 1827 , in-8°. Singulier concours de circonstances qui réunit à Paris trois citoyens de Porrentruy, dont l'un imprime les œuvres des deux autres.

feuille ne paraissait qu'une fois par semaine, renfermait des annonces officielles et particulières, les décrets et ordonnances du gouvernement, et des articles censurés de politique, d'économie rurale et domestique qui remplissaient quelquefois ses colonnes. Les frères Deckerr n'imprimèrent que les six premières années de ce journal et retournèrent à Montbéliard, en 1823, après avoir vendu leur imprimerie à M. *Süffert*, traducteur du journal, qui continua d'exploiter l'établissement sous le titre officiel d'Imprimerie des baillages du Jura. Un certain nombre de brochures de faible importance y furent éditées, entre autres : Statuts de la Congrégation érigée dans l'église de Porrentruy, 1824, in-12. — Mémoires sur l'éducation du bétail, 1829, in-8°.

En 1832, une société particulière fonde une imprimerie beaucoup plus considérable et mieux servie que les précédentes. Elle débute par l'impression de l'*Helvétie*, journal politique, qui s'est maintenu sans interruption depuis le 3 juillet 1832, jusqu'au 31 décembre 1848, c'est-à-dire pendant 16 années consécutives et 6 mois. Cet établissement typographique, dirigé par M. Victor Michel, prit le titre d'*Imprimerie* de l'*Helvétie* jusqu'au 1er novembre 1833. A cette date, il devint propriété de M. J. Choffat, dont il porta le nom jusqu'au 25 février 1834. Dès cette époque, cette imprimerie fut exploitée, sous la raison sociale, Victor Michel et Compagnie, jusqu'au 1er juillet 1838, où M. Vtor Michel, devenu seul propriétaire de cet établissement, signa toutes ses éditions en son nom particulier. Cet imprimeur y joignit alors une lithographie qui est en pleine activité et que recommande l'élégance de ses produits.

M. Michel a donné successivement beaucoup d'extension à son établissement typographique. En 1840, il a fondé une imprimerie à Delémont, où s'impriment depuis cette époque la *Feuille officielle du Jura*, le bulletin des lois et décrets, et le bulletin des séances du Grand-Conseil de notre République. Sur la fin de l'année dernière, il a de même formé un établissement à Berne, qui édite l'*Helvétie fédérale*, journal politique successeur de l'*Helvétie* qui paraissait à Porrentruy.

Les éditions de M. Michel attestent l'excellent choix et la variété de son matériel d'imprimerie, de même que le goût artistique de l'éditeur. Il en est qui peuvent être comparées, pour la beauté de l'exécution, la netteté du tirage et la régularité de la justification, aux produits typographiques des grands établissements qui jouissent d'une réputation justement méritée. Ses efforts persévérants pour donner aux œuvres de son industrie toute la perfection désirable, lui ont valu le témoignage flatteur du jury de l'exposition des produits de l'industrie nationale suisse, qui lui a décerné une médaille d'argent en 1836 et une médaille de bronze en 1848. Les objets exposés par cet habile typographe, sont deux tableaux *spécimen*, dont l'un exécuté par impression polychrôme, renferme au centre une carte lithographiée sur la même feuille, d'une grande délicatesse.

Au nombre des principales éditions de M. Michel à Porrentruy, nous citerons : l'*Helvétie*, de 1832 à 1848, [1] in-folio. — *Le Jurassien*, journal de politique locale et de polémique personnelle, qui a paru à des périodes irrégulières, en 1835 et en 1837, in-4°. — La *Feuille officielle du Jura*, agrégée d'abord à l'*Helvétie*, puis tirée séparément avec le Bulletin des séances du Grand-Conseil, du 2 mai 1834, au 31 décembre 1839, et continuée ensuite à Delémont, in-4°. — La *Feuille d'annonces*, journal commercial, industriel et agricole, qui a eu trois années d'existence, de 1843 à 1846, in 4°. — *Bibliothèque Suisse* du commerce et de l'industrie, 1838, journal mensuel qui paraissait par cahiers,

---

[1] Ce journal a été imprimé à Delémont depuis le 30 juin 1840 au 31 décembre 1844.

grand in-8°, rédigé par M. Schmutz, de Morat ; édition remarquable. L'*Educateur populaire*, journal des écoles, paraissant deux fois par mois, depuis 1849, in-4°, (par M. Paroz, maître à l'école normale du Jura.) La *Feuille d'avis* journal hebdomadaire in-4°, édité depuis le commencement de cette année. — Bulletin de la société statistique du Jura Bernois, 1er cahier, 1832, in-8°. — Mémoire sur les règlemens du grand-conseil, 1830, in-8°. Modifications à introduire dans les règlemens sur l'organisation militaire, par M. Hoffmeyer, colonel fédéral, 1833 in-4°. — Projet de loi sur l'organisation des autorités communales, 1833, in-4°. — Budget de la république de Berne, 1833, in-4°. — Considérations sur les forges du Jura bernois, par C. Kasthofer, traduit par X. Marchand, 1833 in-8°. — Guide de l'infirmier, par L. Hennet, doct. en médecine, 1833, in-12° — Rapport au grand-conseil de la Rep. de Berne sur la marche de la cour d'appel dans les affaires criminelles, 1834, in-8° — Discours de M. C. Neuhaus, à l'inauguration de l'université de Berne, 1834, in-8°. — De l'absolutisme et de la liberté par Lamennais, in-8°. — Opuscules, par E. Lorient, in-8°. — Vies des saints qui ont illustré le Jura, par M. Sérasset, in-8° — Projet de Règlement forestier pour le Jura bernois, 1835, in-4°. — Constitution de la République de Berne, 1835, in-8°. — Essai sur les soulèvements jurassiques, par J. Thurmann, 2e cahier, avec la carte et des coupes géologiques du Jura Bernois, 1836, in-4°. — Jean de Vienne, par M. A. Quiquerez, 1836, in-8°. — Histoire de la nation suisse, par Zschokke, 1836, in 8°. — Elémens de géographie astronomique, par J. Haldy, 1837, in-12. — Différens tarifs, par X. Amuat, J. F. Maillard, C. J. Gaillemin, in-12. — Projet de règlement d'organisation pour les commnnes du district de Porrentruy, 1836, in-4°. — Projet de code de procédure civile, IIe partie, 1838, in-4°.

— Le livre du peuple, par Lamennais, 1838 in-8°. — Aux incrédules et aux crédules, par Ferd. Banholzer, 1838, in-8° — Catalogue raisonné des éditions incunables de la bibliothèque du collége de Porrentruy, (par J. Trouillat,) 1838, in-8°, ouvrage dont l'exécution typographique présentait de nombreuses difficultés. — Confrérie du sacré cœur de Marie, à Courroux, 1838, in-12. — Annuaire officiel de la Rép. de Berne, pour l'année 1839, — 1838, in-12. — Ch. Kasthofer, le guide dans les forêts, traduit par F. L. Monney, deux tomes in-8°, 1838, bonne édition avec planches lithographiées. — Traité pratique forestier, par Lanternier, 1839, in-8°. — Projet de code pénal, 1839, in-4°. — Règlement pour les Sapeurs-Pompiers de Porrentruy, 1839 in-8°. — Pièces relatives à l'établissement d'une nouvelle route à St. Imier, 1839, in-8°. — Premier livre de lecture, 1839, in-12. — Statuts de la caisse du commerce à Fribourg, 1839, in-8°; de la société des forges d'Undervelier, 1840, in-4°. Les caisses d'épargnes, in-8°. — Règlement de la commune bourgeoise de Moutier, 1841. in-8°. — Requête au grand-conseil, par les forges d'Undervelier et de Bellefontaine, 1841 in-8°. — Petite géographie du canton de Berne, par E. Pagnard, 1841 in-12. — Vesperale romanum, 1842, in-4° belle édition. — Principes de pédagogie, par J. Thurmann, 1842, belle édition, in-8° — Statuts de l'hospice du château de Porrentruy, in-8°. — Cahiers d'arithmétique, 1re partie, par J. Durand, 1843, in-8°. — Réglement de la société de tir du district de Porrentruy, 1843, in-8°.

— L'ami des écoliers, 1844 in-8°. — Abrégé de l'histoire sainte, 1844, in-12. — Méthode de lecture sans épellation, (par M. Ioset, régent), in-12. — Ordonnance générale sur le cadastre dans le Jura, 1846, in-8°. — Culture des végétaux qui peuvent servir à remplacer les pommes-de-terre, traduction de H. Weisser, 1846, in-8°. — Premières leçons de lecture, par H. Henry, régent, 1847, in-12. — Organisation militaire du canton de Berne, 1847, in-12. — Quelques mots sur la nature et la mission des partis, par L. Lardon, 1847, in-8°. — Loi sur l'organisation militaire du canton de Berne, 1847, in-8°. — Histoires tirées de l'Ecriture sainte, par le chanoine Schmid, 1847, in-12, avec planches litographiées. — Extrait de la grammaire française de Noël et Chapsal, 1847, in-12. Lettres sur la Suisse, 1848, in-8°. — Géographie de la Suisse, par Duplain, instituteur, in-12°, avec une carte de la Suisse. — Catéchisme à l'usage du diocèse de Bâle, 1848, in-8°. — Premier livre de lecture, 1848, in-12. — Projet de code de procédure pénale, 1848, in-4°. — Exercices français avec le corrigé, par MM. Faivre et Seuret, 2 vol. in-8°. — Rapport sur l'organisation et les accroissemens du cabinet de minéralogie du collége de Porrentruy, (par J. Thurmann), 1848, in-8°. — Enumération des plantes vasculaires du district de Porrentruy, (par J. Thurmann) 1848, in-8°. — Mémoire sur le déboisement des montagnes, par X. Marchand, 1849, in-8°. — Guide pour l'étude du calcul, par J. Michel, 1849, in-8°. — Nous ne citerons pas un grand nombre de pièces relatives à l'administration, rapports, projets de lois, rendus-compte, almanachs, etc., etc. [1].

[1] M. Michel a édité à Delémont un certain nombre d'ouvrages, parmi lesquels nous citerons: Bourcard d'Asuel, par Aug. Quiquerez, 1843, 2 vol. in-8°. — Grammaire française de Noël et Chapsal, 1845, in-8°. — Le bulletin des lois et décrets du canton de Berne, depuis 1840, plusieurs volumes, in-8°. — La *Feuille officielle*, et le bulletin des séances du grand-conseil, depuis la même année, in-4° — *Le Patriote jurassien*, journal politique, paraissant une fois par semaine, publié depuis le 28 avril 1846, jusqu'au 1er octobre 1847, in-folio ordinaire. — Rapport au conseil-exécutif par la commission jurassienne, 1842, in-8°, etc, etc.

Indépendamment de l'imprimerie de M. Michel, cette ville a eu quelque temps un autre établissement typographique. Celui-ci a fréquemment changé de maître et à des intervalles si rapprochés, qu'on pourrait croire, à l'inspection des différentes brochures sorties de ses presses, que Porrentruy a possédé simultanément plusieurs imprimeries. Pour écarter dans la suite toute erreur à cet égard, nous croyons utile de signaler les diverses dénominations sous lesquelles ont paru les éditions de cet établissement.

Du 2 mai au 31 octobre 1835 : Imprimerie de Spahr, fils.

Du 31 octobre 1835 au 9 janvier 1836 : Imprimerie de Jos. Jollat et Comp[e].

Du 9 janvier 1836 au 25 mars, même année : Imprimerie de G. Ribeaud.

A cette date les scellés furent apposés sur les presses de cet établissement, à la suite des troubles du Jura catholique et de l'occupation militaire de cette partie du canton, en 1836.

Du 1er janvier au 20 juillet 1837 : Imprimerie de Germain Porte.

Du 20 juillet 1837 au 8 mars 1838 : Imprimerie de J. Montandon.

Du 8 mars 1838 au 6 avril 1840 : Imprimerie de Germain Porte.

Du 6 avril au 3 novembre 1840 : Imprimerie de George Fallot.

Du 3 novembre 1840 au 31 décembre 1841 : Imprimerie de Victor L'hoste.

Du 31 décembre 1841 au 31 décembre 1844 : Imprimerie de Sylvain Theubet.

Il vient de paraître à Berne, de l'imprimerie de M. Michel : Dendrométrie usuelle, par L. Jolissaint, 1849 in-8°, avec cinq planches lithographiées.

A cette date cet établissement a cessé toute publication.

Ces mutations fréquentes d'imprimeurs responsables étaient souvent la conséquence de la loi sur la presse qui régit le canton, combinée avec l'opposition des journaux qu'a publiés cette imprimerie. Parmi ses éditions les plus importantes, nous citerons : L'*Ami de la Justice*, journal politique paraissant une fois par semaine, in-folio, édité depuis le 2 mai 1835 au 25 mars 1836. — L'*Observateur du Jura*, deux fois par semaine, du 1er janvier 1837 au 31 décembre 1839, in-folio. — L'*Helvétie de 1840*, deux fois par semaine, du 1er janvier 1840 au 21 septembre 1841, grand in-folio. — L'*Union*, deux fois par semaine, du 1er octobre 1841 au 31 décembre 1844, gr. in-folio. — Dix jours de préparation à la venue du Saint-Esprit, 1833, in-12. — Satan et la Révolution, par C.-L. de Haller, 1834, in-8°. — Prière pour se disposer à bien mourir, 1834, in-12. — Commencements d'un schisme en Suisse, in-8° — Eléments de géographie (par M. Mislin) 1834, in-12. — Réflexions sur la lecture des journaux, in-8°. — Sur le traitement du clergé, in-8°. — La jactance d'un Monsieur de la ville réduite au silence par le bon sens d'un paysan, in-8°. — Du pouvoir dans la société, in-8°. — Des préventions contre le clergé, in-8°. — Des efforts du clergé dans le Jura pour l'éducation du peuple, in-8°. — Réflexions sur l'éducation du peuple, in-8°. — Catéchisme d'un vieux régent de village, in-8°. Des devoirs de l'instituteur, par Henrion, in-8°. — De la religion considérée comme base de l'éducation, in-8°. — Dialogue entre Pierre et Jean sur les nouvelles ecclésiastiques, in-8°. — Du projet de loi sur les écoles primaires, in-8°. — Lettre de la pieuse mère du P. Fr. de Sales à ses enfants, in-8°. — Dernière lettre d'une pieuse mère à ses enfants, in-8°. — Lettre encyclique de Grégoire XVI au clergé de la Suisse, 1835, in 8°. — Méditation sur la vie d'Anne de Xaintonge, in-8°. — Le chemin de la Croix, in-12. — Neuvaine en l'honneur de Ste-Philomène, in-12. — Sur un article de l'*Helvétie*, concernant le pétard placé à la maison curiale de Porrentruy le 5 avril 1835, in-4°. — De l'Ecole normale du Jura, 1835, in-4°. — Etrange tentative pour arrêter la publication des feuilles sur l'école normale du Jura, in-8°. — La même, sous le titre : Tentative inutile, etc., in-8° —Propositions de la conférence de Baden, relative aux affaires ecclésiastiques, in-8°.

— Réponse à quelques questions concernant la conférence de Baden, par M. le chanoine Fr. Geiger, in-8°. — Avertissement aux catholiques de la Suisse, par le même, in-8°. — Lettre au département de l'éducation, sur les articles de la conférence de Baden, par M. Mislin, in-8°. Catéchisme à l'usage du diocèse de Bale, 1836, in-8°. — —Mémoire pour servir à la défense de l'abbé Bélet, vicaire de Porrentruy, 1837, in-8°. — Mémoire pour la commune bourgeoise de Porrentruy, adressé au grand-conseil de la République de Berne, 1838, in-4°. — Manuel de la congrégation de St-Louis de Gonzague, in-12. — Théorie des courants souterrains, par M. Parrat, in-8°. — Notice sur M. Cuttat, curé-doyen de Porrentruy (par M. l'abbé Braichet), 1839, in-8°. — Sermons de M. Cuttat, in-8°. — La grotte de l'empereur Maximilien Ier, par M. Mislin, 1840, in-4°. — Appel au Jura pour la formation d'une association jurassienne, 1841, in-8°. — Une 2e édition, moins correcte que la première, de l'ouvrage: Instructions et prières, par M. Migy, curé de Porrentruy, in-12. — Plusieurs opuscules religieux et quelques feuilles de circonstance.

Cette section est encore destinée à recevoir les œuvres de tous les citoyens, originaires de l'ancien évêché de Bâle, et aussi de ceux qui par leur séjour prolongé dans ce pays,

y ont acquis la naturalisation que donnent le dévoûment
à la chose publique, la science et les services rendus. Nous
regrettons vivement que le petit nombre d'ouvrages de
cette nature, qu'il nous a été possible de réunir, jusqu'à
ce jour, ne permette point d'en signaler la statistique [1].

IV.

Sciences et Arts [2]. *Ouvrages encyclopédiques.* (Sections
22 et 23). Beyerlinck ; Zwinger, Theatrum vitæ humanæ.
Gruterus, Lampas artium liberalium. — Encyclopédie de
Diderot et d'Alembert, 27 vol. in-folio. — Encyclopédie
méthodique, reliée en 184 volumes. in-4°, — Pluche,
Spectacle de la nature, etc.

Mémoires de l'Académie des sciences de 1724 à 1771.
— Collection académique, par Berryat ; les 7 premiers
volumes, in-4°, etc.

Histoire naturelle. Pline, avec les notes du P. Harduin.
— Bonnet, Contemplation de la nature ; Considérations sur
les corps organisés. — Buffon. — Linnée. — G. Cuvier,
Règne animal. — C. Gessner, De quadruped. oviparis et
avibus. — Ménétries, Zoologie du Caucase, etc.

[1] Le nombre des auteurs qui appartiennent au Jura, serait plus considérable qu'on ne les suppose communément, si l'on parvenait à les réunir.
Malheureusement, il en est plusieurs qui n'existent qu'en manuscrits, disséminés de toutes parts et par conséquent peu connus ; il en est aussi que
l'on trouve signalés dans les chroniques de nos monastères et qui probablement sont aujourd'hui perdus ou lacérés en partie. Nous prenons la liberté
d'appeler l'attention de nos compatriotes sur cette classe d'ouvrages, en les
priant de bien vouloir nous transmettre les renseignements qui seraient à leur
disposition, sur les œuvres manuscrites ou imprimées des auteurs jurassiens,
pendant les 16e, 17e et 18e siècles. Ces renseignements, acceptés avec re-
connaissance, serviront à compléter les matériaux que nous réunissons pour
un travail spécial sur cette matière.

[2] Pour satisfaire aux exigences du local, nous avons dû reporter, à la fin,
la section de philosophie qui devait faire partie de la 22e.

Lesson , Ornithologie. — Reaumur , Des insectes. — Duméril , Considérations sur la classe des insectes, etc.

Draparnaud , Coquilles terrestres et fluviatiles. — Adanson , Coquilles du Sénégal. — Dézallier d'Argenville , Lithologie et Conchyliologie. — Blainville, Manuel d'actinologie. — Ellis, Hist. naturelle des corallines. — Lang, Historia lapidum figuratorum, etc.

Lyell. — D'Omalius d'Halloy, Géologie. — Cuvier et Brongniart, Géologie des environs de Paris. — Quelques autres ouvrages par Labèche, Boué , Reboul , Marcel-de-Serres , Hoffmann , Steininger , Milwitz , Studer, etc. [1]

G. Agricola , De re metallicâ. — Délius , Exploitation des mines. — Von Cancrin, Die Berg und Salzwerkskunde. — Tronson du Coudray, Manipulation du fer. — Sven Rinman , Eisen und Stahlveredlung. — Haller , Schweizerische Salzwerke. — Scopoli , Anfangsgründe der Metallurgie , etc.

[1] Si cette partie de nos collections est une des plus incomplètes, il existe en revanche, dans notre ville, quelques bibliothèques privées assez riches en ouvrages naturhistoriques, du moins pour certaines branches. De ce nombre est celle de M. Thurmann , que nous pouvons citer comme une sorte d'annexe de la bibliothèque du collége , où elle a été pendant longtemps déposée en partie et où elle a servi à la classification des collections géologiques et botaniques. On y remarque 1º Une collection à peu-près complète des grands ouvrages de planches relatifs à la paléontologie jurassique , comme ceux de Zieten . Goldfuss , Bronn , Münster , Quenstædt , Reineck , de Buch , Römer , Dunker et Koch , Pusch , Agassiz , Michelin , d'Orbigny, Phillips , Sowerby , Hermann de Meyer, Kurr , etc. 2º Une collection complète de toutes les publications relatives aux terrains du Jura allemand , suisse et français , comme les opuscules de Mérian , Voltz , Rengger , Mousson , Gressly , Thirria , Favre, Marcou , Lardy , Renaud-Comte , Nicolet , Fromherz , Royer , Leymerie , Cornuel , Fitton , Röminger , Fraas , Desor , Morlot , etc. 3º Une série des meilleures cartes topographiques également relatives à la chaîne du Jura : ainsi, celles de Cassini, de l'état major français , la carte fédérale , etc, etc. 4º La collection de plusieurs mémoires scientifiques importans, comme ; Le *Jahrbuch* de Leonhard, le Bulletin de la société géologique de France, les Rapports et mémoires de la Société helvétique, ceux de Strasbourg, de Neuchâtel, Berne, Zurich ; la *Botanische Zeitung* de Mohl et Schlechtendal , etc. 5º Une collection complète de

Zwinger, Theatrum botanicum. — Mathiole , Commentaires sur Dioscoride. — Duhamel , Physique des arbres ; Des semis et plantations des arbres ; Traité des arbres et arbustes ; Des arbres fruitiers ; Transport et conservation des bois. — Linnée , Genera plantarum. — L. Hartig , Holzzucht. — Burgsdorf , Forsthandbuch. — Kasthofer , Lehrer im Walde. — Jung, Forstwirthschaft , etc.

Rei agrariæ auctores legesque variæ. — Veterum de re rusticâ. — Traduction d'anciens ouvrages latins relatifs à l'agriculture , (Porcius Caton , Terentius Varron , Columelle , Palladius , Vegèce) par Saboureux de la Bonnetrie. — Chenaye-des-Bois, Dictionnaire d'Agriculture. — Liger , La maison rustique. — De Combles , Le jardin potager. — Duhamel , Culture des terres ; Conservation des grains. — Le Berryais , Traité des jardins. — Mayer , Landwirtschaft. — Haushaltungs Lexicon. — Bequillet , OEnologie. — Florinus , Adelicher Hausz-Vater. — Winter , De re equaria. — Apitius, De re culinaria. — Augsburgisches Kochbuch. etc.

Buchoz , Méthodes pour détruire les animaux nuisibles. — Magné de Marolles, De la chasse au fusil. — Döbel , Jäger-practica. — Tänzer , Jagd-Geheimnisse , etc.

Médecine, physique et *chimie*. (Sections 23 et 24). Real-

toutes les flores ou énumérations ayant trait à la chaîne du Jura et contrées voisines, ainsi : les ouvrages ou opuscules de Haller , Suter, Hegetschweiler, Gaudin , Decandolle , Koch , Kirchleger, Griselich , Döll , Schübler et Martens , Spenner, Mougeot, Moritzi, Duby, Monnard , Grenier, Godron, Kölliker , Laffon , Blanchet, Rapuin , Reuter, Lesquereux, Godet , Hagenbach, Babey, Albin Gras, E. Zchokke, etc. 6° Une belle série d'ouvrages peu répandus, sur la géographie botanique, par exemple, Humboldt, de Buch, Heer, Desmoulins, de Mohl, Wahlenberg, Schouw, Schnitzeni, Frickinger, Unger, Martins , etc., dont plusieurs sont accompagnés de grands atlas. Enfin beaucoup d'ouvrages de géologie et botanique plus généraux et qui n'ont pas le genre d'intérêt qu'offrent les collections spéciales ci-dessus , qu'on ne trouve que fort rarement réunies. Ajoutons que la bibliothèque de M. Thurmann n'a cessé d'être à la disposition des personnes qui s'occupent des sciences naturelles dans notre ville.

dus Columbus, Anatomia. — Constantinus Africanus, De
morborum curatione. — Riverius , Praxis medica. —
Pomme, Des maladies nerveuses. — Mémoires de l'académie royale de Chirurgie, tom. 1er. — Der Arzt , journal
hebdomadaire de Médecine , en 12 vol. in-8°. — Tis-
sot. — Allen, Médecine pratique. — Combalusier, Des maladies venteuses. — Sue , Essais sur l'art obstétrical. —
Quesnay, Origine et progrès de la chirurgie en France. —
Juville , Des bandages herniaires. — Du jeûne, du carê-
me et du maigre, sous le rapport de la santé. — Lomet ,
Eaux minérales et thermales des Pyrénées. — Touvry ,
Traité des médicamens. — N. Lemery , Pharmacopée
universelle. — Martinenq , Pharmacopæa Parisiensis, etc.

Lemery , Cours de Chimie. — Macquer , Dictionnaire
de Chimie. — Chaptal. — Meissas. — Gren. — Cramer.
— Götling.

Brisson, Dictionnaire de Physique. — Nollet, Physique
expérimentale. — Rohault. — Le P. Regnault. — De Sain-
tignon. — De la Perrière. — Marivetz et Coussier. — De-
saguliers. — Mariotte — L'abbé Jacquet. — Le Marquis
du Chatelet. — H. Regius, Philosophia naturalis, édition
d'Elzevir. — Horwath. — Schott , Magia universalis ;
Technica curiosa, etc. — Fabre, Théorie des torrens et des
rivières. — Priestley , Expériences sur différentes espèces
d'air, traduit par Gibelin, etc.

Mathématiques, Astronomie. (Section 24). Bossut, Histoire des mathématiques. — Euclides, Elementorum geo-
metricorum libri XV. — Ramus, Arithmetica, geome-
tria. — Clavius, Opera mathematica. — Newton, Philosophiæ naturalis principia mathematica ; Exposition de ses
découvertes philosophiques, par Maclaurin. — Divers ouvrages de Mathématiques et de Physique, par MM. de l'a-
cadémie des sciences. — Rivard , Elémens de Mathématiques. — De l'Hospital, Sections coniques ; Analyse des in-

finiment petits. — Reyneau, Usage de l'analyse. — Fontenelle, Géométrie de l'infini. — Principes mathématiques, par la marquise du Chastellet. — Lagrange, Théorie des fonctions analytiques. — Puissant, Géodésie. — Duhamel, Géométrie souterraine. —De Chaulnes, Méthode pour diviser les instrumens de Mathématiques. — Un certain nombre d'ouvrages élémentaires, etc.

Bailly, Histoire de l'astronomie ancienne. — Keil, Institutions astronomiques, trad. par Le Monnier. — Galilæus, Systema cosmicum. — Sigorgne, Institutions Newtoniennes. — De la Caille, Lectiones Astronomiæ. — De Lalande, Astronomie. — De Mairan, Traité de l'aurore boréale; Opuscules du même auteur. — Le Monnier, Observations de la lune, du soleil et des étoiles fixes, belle édition de l'imprimerie royale, in-folio. — J. Bayer, Uranometria. — Joan. Garcæus, Astrologiæ methodus. — Rivard, La gnomonique. — Quelques ouvrages élémentaires, etc.

Architecture; Art militaire; Beaux-arts; Métiers. Vitruvius, de Architecturâ. — Briseux, Traité du beau essentiel dans les arts appliqué particulièrement à l'architecture; édition totalement gravée, texte et planches, gr. in-4°. — Félibien, Principes de l'Architecture. — Daviler, Cours d'Architecture. — Furttenbach, Baukunst. — Gauger, Du feu des cheminées. — Belidor, Architecture hydraulique; La science des ingénieurs. — Dögen, Architecture militaire. — Manière de fortifier de M. de Vauban. — Minno, Nouvelle fortification. — Gautier, Construction des chemins. — Turpin de Crissé, Essai sur l'art de la guerre; Commentaires sur les mémoires de Montecuculi; sur les institutions militaires de Végèce. — De Guibert, Essai de tactique. — Tactique prussienne. — Maurice de Saxe, Mes rêveries. — Surirey de Saint Remy, Mémoires d'artillerie. — Belidor, Cours de Mathématiques à l'usage de l'artillerie et du génie. — Gasp.

Monge, Art de fabriquer les canons. — Montfaucón de Rogles , Traité d'équitation. — Knock , Réflexions militaires. — Histoire générale de la marine , par de Boismêlé et Richebourg. — Saverien , Dictionnaire de marine.

OEuvres d'Etienne Falconnet, statuaire. — D. Webb, Upon painting, and upon prints. — De Piles, Elémens de peinture pratique. — Ferrand, l'art de peindre en émail. — Rameau, Traité de l'harmonie. — D. Bedos de Celles, L'art du facteur d'orgues , in-folio. — L'art de la porcelaine, par le comte de Milly. — Dudin, L'art du relieur doreur de livres. — Roubo , L'art du menuisier. — Duhamel, Art du cirier. Quelques grands ouvrages de planches.

Economie politique. Commerce. J.-B. Say, Traité d'économie politique. — De Sismondi , *idem.* — Zincken, Landund Stadtöconomie. — Recherches sur le commerce. — Savary, Dictionnaire de commerce , etc.

Géographie , *Voyages.* (Section 25). Strabonis, geographia (grec. latin.) — Ptolemœi , geographia. — Pausanias , Græciæ descriptio. — Barthélemi, Voyage d'Anacharsis. — Helliez, Géographie de Virgile. — Cluver, Sicilia, Sardinia et Corsica antiqua. — Adrichomius, Theatrum terræ sanctæ. — Ennery et Hirth, Diction. géographique. — Seb. Munster , Cosmographia. — Merula, Cosmographia. — Beschreibung und Contrafactur der vornembster Stät der Welt, 6 vol. in-fol., avec nombreuses planches, représentant les principales villes du monde, en 1574. — Traités de géographie de Hübner, Busching, Duplessis, Robert, etc. — Mabillon, Iter germanicum. — Gerbert, Iter germanic. gallic. italicum. — Bucelin, Constantia sacra et profana. — Valenti, Roma antiqua et moderna. — Calmet, Diarium Helveticum.

Prévost, Histoire des voyages. — Lebruyen; Tournefort, voyages au Levant. — Voyages de Jean Struys en Moscovie, etc.; de Brydone, en Sicile et à Malte; de Pey ron, en Espagne; de Smolett, en France et en Italie; de Richardson, en Irlande et en Angleterre; de Gmelin, en Sibérie; de Chardin, en Perse; de Otter, en Turquie; de Bernier, au Grand Mogol; du P. Tachard, au royaume de Siam; de Bergeron, en Asie; de Caper, en Asie mineure; de Frezier, au Chili et au Pérou; d'Ulloa, dans l'Amérique méridionale; de Thibault de Chanvalon, à la Martinique; de Chabert; de Rochambeau, dans l'Amérique septentrionale, etc.

Lettres de Savary sur l'Egypte, de Coxe sur la Suisse, etc. — Etat et délices de la Suisse. — Bruckner, die Landschaft Basel. — G. Brice, Description de Paris. — Délices des Pays-Bas. — Description de la Chine, par le P. du Halde. — Barlæus, Brasilia, etc., etc.

Atlas ou Théâtre du monde, édité par Jean Janson, 10 vol. grand-in folio. — Gueudeville, Atlas historique. — P. Kærius, Germania inferior. — Atlas de Gerard Mercator, etc. etc.

Histoire. *Chronologie, Histoire universelle.* (Section 26). L'art de vérifier les dates, édition de 1783, 1 vol. — L'atlas des temps, par le P. Jean Louis. — Genebrardi, Chronographia. — Lenglet du Fresnoy, Méthode pour étudier l'histoire; Tablettes chronologiques de l'histoire universelle. — J. Scaliger, De emendatione temporum. — Gordon, Opus chronologicum. — Dictionnaires historiques de Bayle, de Moreri, d'Iselin, etc.

Dom Calmet, Histoire universelle. — *Eadem*, par une société de gens de lettres, en 43 vol. in-4°. — Bossuet, Discours sur l'histoire universelle avec la continuation par Cramer. — Ant. Foresti, Historische Welt-Beschreibung. — Nauclerus, Chronica. — Otto, Episcop. Frising. Chronicon. — Abbatis Urspergensis Chronicum. — Schwartz, Collegia historica. — Desing, Annalia historica. — Joan. Bisselius, Ruinæ illustres ab orbe condito. — Gottfried

Ludwig, Universal-Historie. — Theatrum Europeum de 1617 à 1718, en 21 vol. in-folio. — Adolph. Brachelius, Historia universalis ab anno 1618 ad 1660. — Philip. Brietius, Annales mundi. Un certain nombre d'ouvrages relatifs à l'histoire du 17e et du 18e siècle avec quelques traités élémentaires.

Histoire ecclésiastique générale. (Section 27). Jurieu, Histoire critique des dogmes et des cultes. — Histoire du peuple de Dieu, par le P. Berruyer. — Th. Stackhouse, A new History of the holy Bible. — Bullet, Histoire de l'établissement du christianisme. — Nicephore Calliste, Historia ecclesiastica. — Natalis Alexander, Historia ecclesiastica, éditions in-folio et in-8°. — Jac. Saiianus, Annales ecclesiastici veteris Testamenti. — Baronius, Annales ecclesiastici, 12 vol. in-fol. — Raynaldi, continuatio annalium Baronii, 11 vol. in-fol. — Spondanus, Baronii continuatio. — Bzovius, Annales ecclesiastici. — De Graveson, Histor. ecclesiastica. — B. Casaubonus, exercitationes ad Baronii prolegomena. — Bisciola, Epitome Annal. Baronii. — H. Ott, Examen annal. Baronii. — Histoire ecclésiastique de Fleury; de l'abbé de Choisy; de Bérault-Bercastel. — Jacques Gaultier, Table chronographique de l'état du christianisme. — Humph. Prideaux, History of the old and new Testament. — De Moni, Histoire critique de la créance et des coutumes du Levant. — Longueval, Histoire de l'église gallicane. — Picot, Mémoires pour servir à l'hist. ecclés. pendant le 18e siècle. — Chardon, Hist. des Sacremens. — Jo. Jac. Chifflet, De linteis sepulchralibus Christi, etc. etc. — Cornel. Hazart, Kirchen-Geschichte, trad. par Soutermans. — Tourniellus, Annales sacri. — Jac. Usserius, Annales. — Ph. Melanchton, Chronica. — Orlendius, Orbis sacer et profanus. — Bebelius, Antiquitates ecclesiasticæ. — Paleotimus, Origines ecclesiasticæ, etc. etc.

Hagiographie. Histoire eccles. particulière. Histoire des conciles, des Papes, etc. (sections 28 et 29). J. Bollandus, Acta Sanctorum, les 51 premiers volumes. — Surius, Historiæ Sanctorum, avec le supplément de Mosandre. — Murer, Helvetia sancta. — Raderus, Bavaria sancta. — Theod. Ruinart, Acta Martyrum. — Jean Croiset, Vies des Saints. — Butler, Vies des Saints. — Jean de Rechàc, Vies des Saints de l'ordre des frères prêcheurs. — Vie de St. Bernard, par de Villefore; de St.-Norbert, donnée à l'Evêque de Bâle par son auteur, L. Ch. Hugo; de St.-Dominique, par le P. Touron; de St.-Vincent de Paul par Collet; la même par Abelly; de St.-Ignace de Loyola par Bartoli, par Vigilio Nolarci, par Ribadeneira; de St.-Philippe de Néry, par Sonzonio, par J. Ricci; de St.-Charles Borromée par Giussano; par Touron; de St.-Thomas d'Aquin, par Touron; de St.-François de Sales, par Maupas du Tour; par Marsollier, etc., etc. Martyrologium Romanum; franciscanum. — Crocius, Martyr-Buch. — Martelaers Spiegel. — Mabillon, Præfationes actis Sanctorum ordinis St.-Benedicti. — Ephemerides hagiologicæ ordinis præmonstratensis. — Chalemot, Series Sanctorum ordinis cisterciensis. — Ruinart, Histor. persecutionis Vandaliæ. — Bosius, Roma subterranea. etc.

Zaccaria, Storia del celibato sacro; delle proibizioni de libri. — Marsollier, Hist. de l'inquisition. — Boileau, Histoire des flagellans.

Gerbert, De Musica sacra et cantu; De liturgià Allemannica.—Antiquitates liturgicæ; — Henr. Canisius, Lectiones antiquæ. — C. L. Hugo, Sacræ antiquitatis monumenta. — OEuvres posthumes du P. Mabillon. — Gallia Christiana des frères Sammarthani, édition en 4 vol. in-fol. — Grandidier, Hist. de l'église de Strasbourg. — Guillimann, Episcopi Argentinenses. — L'antiquité de l'église de Marseille. — N. Serarius, Res Moguntiacæ. — Helwich,

Nobilitas ecclesiæ Moguntinæ. — Al. Würdtwein, Diœcesis Moguntina. — Saussey, Annales eccles. Aurelianensis. — Jac. Severt, Chronologia antistitum eccles. Lugdunensis. — Storia del celebre sanctuario d'Einsidlen. — Hartmann, Annales Eremi. — Ecclesiæ Eystettensis 39 episcopi. — Sudanus, Basilea sacra. — Tursellinus, Histor. Lauretana. — Beschreibung der H. Wallstatt unser Lieb. Frauen in Maria-Stein. — Sulger, Annales Monasterii Zwifaltensis. — Joan. Trithemius, Annales Hirsaugienses. Baluze, Historia Tutelensis. — Corvalan, Historia de S. cruce Caravacensi : — Sommier, Hist. de l'église de St.-Diez. — Gumppenberg, Atlas marianus. — Fisen, Histor. eccles. Leodiensis. — Kleinsorgen, Kirchen-Geschichte von Westphalien. — Historia eccles. Ultrajectensis.

Edm. Richerius, Historia conciliorum generalium. — Hermant, Histoire des conciles. — Sguropulus, Historia concilii Florentini. — Lenfant, Hist. du concile de Pise; du concile de Constance. — Costnitzer Concilium, avec de curieuses gravures sur bois, de 1575. — Lenfant, Hist. du concile de Bâle. — Pallavicinus, Historia Concilii Tridentini. — P. Soave, Historia del concilio Tridentino. — Stoz, Histor. concilii Tridentini. — De Vargas, Lettres sur le concile de Trente. — Aeneas Sylvius, opera.

Fueslin, Conclavia romana. — Conclavi de Pontefici romani. — Chronologia Pontificum romanorum. — B. Jobin, Effigies Pontif. romanorum, dédié à l'évêque de Bâle, en 1573. — Platina, vitæ paparum. — Baluzius, vitæ paparum. — Eggs, vitæ romanor. pontificum ; Purpura docta. — Reboulet, Hist. de Clément XI. — De Clément XIV. — Du cardinal Bellarmin ; du cardinal de Berulle, etc. etc.

Histoire des Hérésies ; des ordres religieux ; des ordres de Chevalerie. (Sections 29 et 30). Pluquet, Dictionnaire des hérésies. — G. Prateolus, De vitis omnium hæreticorum. — Doucin, Histoire du Nestorianisme. — Maimbourg,

Hist. de l'Arianisme ; des Iconoclastes ; du schisme des Grecs. — Patouillet, Hist. du Pélagianisme ; vie de Pélage. — Theodoric de Niem , Historiæ. — Joan. Marius , De schismatum et conciliorum differentia. — Joan. Cochlæus, Historiæ Hussitarum; De actis et scriptis Mart. Lutheri. — Maimbourg, Hist. du Luthéranisme. — Joan. Joach. Müller, Historie von der Evangelischen Stände Protestation. — Beausobre , Hist. de la réformation. — Wietrowski, Hist. de magno schismate occidentis. — N. Sander, de schismate anglicano. — Burnet, Histor. of the reformation of England; la même traduite par de Rosemond. — Maimbourg , Hist. du Calvinisme. — Jurieu , Histoire du Calvinisme et celle du Papisme mises en parallèle. — Rou , Remarques sur l'histoire du Calvinisme de Maimbourg. — Th. de Beze , Vie de Calvin. — Theatrum crudelitatum Hæreticorum nostri temporis , 1592 , avec de nombreuses gravures. — Bossuet, Hist. des variations des églises protestantes. — Renoult, Hist. des variations de l'église gallicane , en réponse à Bossuet.

Lafiteau , Hist. de la constitution Unigenitus. — Journal de l'abbé Dorsanne ; Nouvelles ecclésiastiques pour servir à l'histoire de cette constitution. — De Colonia , Dictionnaire des livres qui favorisent le Jansénisme. — Hil. Dumas, Hist. des cinq propositions de Jansenius. — Journal de M. de Saint Amour , de ce qui s'est fait à Rome dans l'affaire des cinq propositions. — Theod. Eleutherius, Histor. controversiarum de divinæ gratiæ auxiliis. — La réalité du projet de Bourg-Fontaine démontrée, par le P. Sauvage. — Mémoires chronologiques et dogmatiques, par le P. d'Avrigny. — Histoire du cas de conscience. — Relation de l'origine , du progrès et de la condamnation du Quiétisme répandu en France , par l'abbé Phelipeaux ; ouvrage condamné à être brûlé par la main du bourreau ; l'imprimeur fut mis au carcan , en 1733.

Rod. Hospinianus, De origine et progressu monachatûs.
— Histoire de l'abbaye de Port-Royal, par Besoigne. —
Historia capucinorum anterioris Austriæ. — Historia se-
raphicæ devotionis. — Th. Petreius, Bibliotheca cartusia-
na. — Juliard, Hist. de la congrégation des filles de l'en-
fance, (livre condamné au feu). etc., etc.

Historia Societatis Jesu ; provinciæ Germaniæ superioris ; provinciæ Bohemiæ ; ad Rhenum inferiorem ; provinciæ Siculæ, par différens auteurs jésuites. Le Welt-Bot du
P. Stöcklein , les Lettres édifiantes , divers ouvrages sur
les missions en Chine, au Japon, dans les Indes, et un
grand nombre d'écrits pour ou contre les jésuites. — Ribadeneira, Bibliotheca scriptorum Societatis Jesu. etc.

Dupuy, Histoire des templiers ; Condamnation des templiers. — Henr. Pantaleo , Historia melitensium equitum.
— De Vertot, Hist. des chevaliers de Malte. — Maimbourg,
Hist. des Croisades. — Bosio, Hist. della militia di S. Giovanni Gierosolimitano.

Histoire ancienne. (Sections 30 et 31). Prideaux, Hist.
des Juifs. — Basnage , Hist. des Juifs depuis Jésus-Christ.
— Sigonius, de Republica hebræorum. — Fl. Josephus ,
Antiquitates judaïcæ ; le même en français par Arnauld
d'Andilly , et en allemand. — Fleury. Mœurs des Israë-
lites.

Rollin , Histoire ancienne. — Witzius , Ægyptiaca. —
Hérodote ; Thucydide ; Xénophon ; Polybe ; Quint-Cur-
ce ; — Pausanias , trad. par Gedoyn. — Vaillant, Historia
regum Syriæ ; Hist. Ptolemæorum. — Terrasson , Sethos.
— Stanyan , Histoire de la Grèce. — Reineccius , De fami-
liis quæ in monarchiis tribus prioribus rerum potitæ sunt,
etc. — John Gillies , Hist. of ancient Greece.

Rollin, Histoire Romaine. — idem, par Catrou et Rouil-
lé. — Jules-César ; Tite-live ; Tacite ; Suétone ; Hérodien ;
Denys d'Halicarnasse ; Salluste ; Florus ; Vell. Paterculus ;

Spartianus ; Gallicanus ; Jul. Capitolinus ; Treb. Pollio ; Lampridius ; Vopiscus ; Valer. Maximus ; Justinus ; Theophylactus Simocattas ; Agathias ; etc. avec quelques traductions , critiques ou commentaires.

Ad. Fergusson, Hist. of the roman Republic. — Histoire des empereurs, par de Tillemont ; par Crevier ; par Beauvais. — Historia augusta. — De la Blettrie, Vie de Julien. — Fléchier, Hist. de Théodose. — Cœffeteau, Hist. romaine. Vertot, Révolutions romaines. Montesquieu, Grandeur et décadence des Romains. — Sigonius , De occidentali imperio. — Cuspinianus , De Cæsaribus et imp. romanis, etc., etc.

Lebeau, Histoire du Bas-Empire. — Krantz, Vandalia. — Lazius, de migrationibus gentium. — Ant. Sabelliccus, opera. — D'Anville , Etats de l'Europe après la chûte de l'empire romain.

Histoire moderne. (Section 34 et suivantes). Histoire moderne, par l'abbé de Marsy, continuée par Richer. — Ragon, Histoire des temps modernes. — Lazari, Motivi di tute le Guerre, etc., successe in Europa dall' anno 1494... — Histoire générale de l'Asie, de l'Afrique et de l'Amérique, par l'abbé Roubaud. — Charlevoix , Hist. et description du Japon. — Mémoires concernant l'histoire, les sciences, etc., des Chinois. — Lecomte, Nouveaux mémoires sur la Chine. — Catrou, Histoire de l'empire du Mogol. — Leb'anc, Révolution du Royaume de Siam. — Mignot , Hist. de l'empire ottoman. — Lonicerus, Chronica Turcorum. — Minadoi, Histor. della guerra fra Turchi et Persiani. — Hist. des Révolutions de Perse, par le P. du Cerceau. — Hist. des Révolut. de l'empire des Arabes, par l'abbé de Marigny. — Raynal, Histoire des établissements des Européens dans les deux Indes. — Ant. de Herrera, Historia de las Indias. — Lopès, Hist. dell' Indie orientali. — Maffeius, Indicæ historiæ. — Colden , Hist. of the five indian Nations of Canada. — Las Casas, Hist. des Indes occidentales. — Ant. de Salis, Hist. de la conquête du Mexique, — J.-F. Bernard, Hist. des Incas, — Charlevoix, Hist. de S. Domingue. — Lafitau, Découvertes et conquêtes des Portugais dans le nouveau monde. — Robertson, Hist. of America. — Mémoires des commissaires du Roi, sur ses possessions en Amérique. — Histoire de la dernière guerre d'Amérique, de 1775 à 1783, par Boucher. — Boltz, état civil, politique et commerçant du Bengal, etc.

Histoire d'Espagne, de Jean de Ferreras, traduite par d'Hermilly. — Mariana, Hist. général de Espana; ejusdem, de Rebus Hispaniæ. — Duchesne, Compendio de la Hist. de Espana. — Hist. des Révolutions d'Espagne, par le P. Jos. d'Orléans. — Prud. de Sandoval, Vida y Hechos del emperador Carlos V. — Lalande, histoire de Charles VI. — Historia delle guerre di Ferdinando II e III, e del re Filippo IV. — Watson, Hist. of the Reign of Philip II and of Philip III.

Histoire du Portugal, par Lequien de la Neufville. — Birago, Hist. di Portogallo. — Vertot, Révolutions de Portugal. — Osorius, De rebus Emmanuelis regis Lusitaniæ, etc.

Histoire des guerres d'Italie, par Guichardin; la même, en italien et en latin. — Sigonius de regno Italiæ. — Nani, Hist. della republica Veneta. — P. Paruta, Hist. venetiana. — Dell' interdetto di Venetia. — Foscarini, Hist. Veneta. — Villani Matteo e Giovan., Historia. — Leonard. Aretino, Hist. del suoi Tempi. — Varchi, Storia Fiorentina. — Segni, Storie Fiorentine. — Malespini, Hist. Fiorentina. Corio, Hist. di Milano. — Venuti, Descrizione istorica di Roma moderna, etc.

Histoire de France. (Section 32). Schöpflin, Vindiciæ celticæ. — Pelloutier, Hist. des Celtes, revue, par de

Chiniac. — Dom Martin, La religion des Gaulois. — Chroniques de Nicolle Gilles. — Histoire de France, par le P. Daniel. — Mézeray, Abrégé de l'hist. de France. — Histoire de France, par Des Odards Fantin; par l'abbé Lionnais; par de Bussières; par Le Ragois; par Girard; par Boulainvilliers. — Papirii Massoni, Annales. — Laureau, Histoire de France avant Clovis. — Le Gendre, Antiquités de la nation et de la monarchie française. — Dubos, Hist. critique de l'établissement de la monarchie française. — De Limiers, Annales de la monarchie française. — Paulus Æmilius, De gestis francorum. — Trésor des antiquités de la couronne de France, 2 vol. de planches, in-folio — Guizot, Hist. de la civilisation en France. — Aug. Thierry, Lettres sur l'hist. de France.

Scriptores rerum gallicarum et francicarum, par Dom Bouquet, les 13 premiers volumes in-folio. — De Bréquigny, Table chronologique des diplômes concernant l'hist. de France, tome 1er, jusqu'à l'année 1031. — De Foy, Notice des diplômes. — Histoire de Saint Louis, par Jehan Sire de Joinville, magnifique édition, in-folio, de l'imprimerie royale, avec un glossaire et des extraits de manuscrits arabes, relatifs au règne de St. Louis. — Chronique de Froissart; chroniques d'Enguerrand de Monstrelet. — Mémoires de Philippe de Comines. — Davila, Historia delle guerre civili di Francia; la même en français. — Histoire de M. de Thou en latin et en français. — Mémoires de Condé. — Recherches de la France, d'Etienne Pasquier. — Mémoires de Sully; de Villeroy; Lettres du cardinal d'Ossat; Mémoires du marquis de Beauvau; du cardinal de Retz; de Joly; de l'abbé de Choisy; du comte de Bonneval; du Marquis de Langallery, de l'abbé Georgel; de Barruel.

De Choisy, Hist. de Charles V; de Charles VI. — Varillas, Vie de Louis XI; de Charles VIII; de Louis XII; de

François premier; de Henri II; de Charles IX; de Henri III. — Mémoires de la ligue, par Simon Goulard, revus par l'abbé Goujet. — De Bury, Hist. de Henri IV; la même, par Hardouin de Perefixe. — Ludovici XIII, Justi, triumphalia monumenta. — Hist. de Louis XIII, par J. Lecointe, revue par El. Dupain. — Histoire de Louis de Bourbon, prince de Condé, par P. Coste. — L'Esprit de la Fronde, par Mailly. — Histoire de Louis XIV, par Bruzen de la Martinière; par Reboulet. — Histoire du Card. Polignac, par le P. Faucher. — Eclaircissements historiques sur les causes de la révocation de l'édit de Nantes, par Rhulières. — Hist. militaire du duc de Luxembourg, par de Beaurain. — Histoire des quatre dernières campagnes de Turenne, avec cartes et plans, par de Beaurain. — Hist. de Maurice de Saxe, par d'Espagnac. — Hist. des campagnes de Maillebois, en Italie, par de Pezay. — Dumortous, Conquêtes de Louis XV. — Histoire de la milice française, par le P. Daniel. — Sacre et couronnement de Louis XVI, par l'abbé Pichon. — Quelques pièces relatives à la révolution française.

De l'origine des Bourguignons, par P. de Saint-Julien; mélanges historiques, par le même. — Delfius, Res burgundicæ. — Dunod, Hist. des Séquanais. — Chifflet, Vesuntio.

Dom Calmet, Abrégé de l'histoire de Lorraine. — Baleicourt, Origine de la maison de Lorraine. — Fondations et établissements faits par le roi de Pologne, duc de Lorraine. — De Vertot, Etablissement des Bretons dans les Gaules.

Dom Félibien, Hist. de la ville de Paris. — De Saintfoix, Essais historiques sur Paris. — Castrucci, Istoria della citta d'Avignone e del contado Venesino. — Schöpflin, Alsatia diplomatica; Alsatia illustrata, tome 1.er. — Königsoven, Elsassische Chronicke.

Histoire d'Angleterre, d'Allemagne, etc. (Section 33). Histoire d'Angleterre, d'Ecosse et d'Irlande, par de Larrey. — Hist. d'Angleterre, par Rapin de Thoyras ; par David Hume ; (traduction allemande). — History of England, par T. Smolett. — Guil. Camden, Rerum anglicarum annales, regnante Elisabetha. — Hume, Hist. de la maison de Plantagenet ; de la maison de Tudor ; de la maison de Stuart, sur le trône d'Angleterre. — Th. Lediard, Hist. navale d'Angleterre. — Clarendon, Hist. of the Rebellion in England. — P. Ræ, Hist. of the rebellion. — Hist. des révolutions d'Angleterre, par le P. d'Orléans. — Hist. d'Elisabeth, par Mlle de Keralis. — Hist. de Guillaume III, par A. Samson. — Memoirs of Edmund Ludlow. — John Cary, Storia del commercio della Gran Brettagna. — Robertson, Hist. of Scotland. — Clarendon. Hist. of the Rebellion in Ireland. — Buchanan, Hist. rerum Scoticarum.

Histoire générale d'Allemagne, par le P. Barre. — P. Cluveri Germania antiqua, contracta, operâ Jan. Brunonis. — Heiss, Hist. de l'Empire. — Voltaire, Annales de l'Empire. — Joan. Philip. à Vorburg, Hist. romano-germanica. — Goldast, Scriptores rerum alamanicarum. — Freherus, Scriptores rerum germanicarum. — Reuber, Sriptores Cæsarum et imperatorum germanicorum. — Pistorius, Sript. rerum germ. — Guil. Leibnitius, Sriptores rerum germ. — Beatus Rhenanus, Res germanicæ. — Historia di Leopoldo cæsare. — Vita di Leopoldo emperador. — Giovanni, Germania princeps. — Ens, Fama austriaca. — Lazius, Vienna austria, etc. etc.

J. Aventinus, Annales Boiorum. — Joan. Adlzreitter, Historia Bavarica. — Brunner, Annales Boiorum. — Bayrische Geschichte. — Fabricius, Saxonia illustrata ; Res Germaniæ et Saxoniæ. — Crantz, Res saxonicæ.

J. Ch. Sachs, Geschichte der Marggravschaft Baden. —

M. Gerbert, Historia Sylvæ nigræ. — Sattler, Geschichte des Herzogthums Würtemberg. — Spittler, Geschichte Wirtembergs. — Mirabeau, de la monarchie prussienne sous Frédéric le Grand. etc.

Histoire des Provinces-Unies, par Dujardin et Sellius. — Hugo Grotius, Annales de rebus belgicis. — F. Haræus, Annales ducum Brabantiæ. — Swertius, Annales rerum belgicarum. — Scribanus, Origines Antverpiensium. — Bentivoglio, Guerra di Fiandra. — Van der Haer, De initiis tumultuum belgicorum. — Strada, De bello Belgico. — Aitsinger, De leone belgico. — Reginæ christianissimæ jura in ducatum Brabantiæ. — Raynal, Histoire du Stadhouderat. etc.

Olaus Magnus, De gentibus septentrionalibus. — Lindenbrog, scriptores rerum germanic. septentrionalium. — Alb. Krantz, Dania, Suecia, Norvegia; *ejusdem* Metropolis. — André, Histoire de Bohème. — J. Cureus, Annales gentis Silesiæ. — Bonfinius, Res hungaricæ. — Ungarische und Siebenbürgische Historia. — Histoire de Pologne, par De Solignac; par De Parthenay. — Histoire des rois de Pologne, par Jolli et Massuet. — Histoire de Jean Sobieski, par l'abbé Coyer. — Révolutions de Pologne, par Desfontaines. — Histoire de Dannemarc, par Mallet. etc.

Harte, Hist. of Gustavus Adolphus. — Raymond, Hist. of Gustavus Ericson.

Histoire physique, morale, civile et politique de la Russie ancienne et moderne, par Leclerc. — Hist. de Russie, par Voltaire, etc.

Histoire Suisse. Thesaurus historiæ Helveticæ. — Aeg. Tschudi, Beschreibung Galliæ comatæ. — Haller, Helvetien unter den Römern. — Haller, Bibliothek der Schweizer-Geschichte. — Hist. des Suisses, par le baron d'Alt; par Waldkirch; par Plantin; par Zchokke. — Histoire des officiers Suisses, par Girard. — Hist. militaire des Suisses, par Zur-Lauben. — Hist. des révolutions de la Haute-Allemagne, par Philibert ; et quelques opuscules généraux.

Wurstisen, Basler Chronick. — Spreng, Ursprung der Stadt Basel, etc. — Ochs, Geschihte der Landschaft Basel. — Gross, Basler Chronick ; Monumenta sepulchralia Basiliensia, operà J. Tonjolæ. — Orationes sæculares de academiæ Basiliensis ortu et progressu. — Athenæ Rauricæ. — Stettler, Schweitzer Chronick. — Guler, Rhætia. — Hottinger, Speculum Tigurinum. — Spon, Histoire de Genève. etc.

Blason, Généalogies, Biographies, Mythologie. (Section 54.) Le roi d'armes ou l'art de blasonner, par le P. Gilbert de Varennes. — La science héroïque, par M. de Vulson de la Colombière. — Herrgott, Genealogia diplomatica Habsburgica. — Bucelinus, Germania topo-chrono-stemmato-graphica. — Val. König, Genealogische Adels-Historie. — P. Jac. Spener, Theatrum nobilitatis Europæ. — Im Hof, Notitia procerum Germaniæ ; Historia genealogica Britanniæ, Italiæ et Hispaniæ. — Herm. Werner, Archontologia Carinthiæ. — Schrott, Wappenbuch des römischen Reichs. — Salver, Proben des teutschen Reichs-Adels. — Hartard, Die Hoheit des deutschen Reichs-Adels. — J. Joan. Chiffletius, Vindiciæ hispanicæ — Oliv. Vredius, Sigilla comitum Flandriæ. — Hubner, Genealogische Tabellen. — Preuves des chevaliers de St.-Jean de Jérusalem, de la vénérable langue de France. — Rittershus, Genealogiæ imperatorum, regum, ducum, etc. — Rüxner, Anfang des Thurniers. etc., etc.

Dictionnaire historique (biographique), par une société de gens de lettres. — Plutarchus, Vitæ illustrium virorum ; *idem*, en français par Amyot ; par Dacier. — Suidas, Historica. — Diog. Laertius, De vitis philosophorum, græc. lat. — *idem* traduit par Gilles Boileau ; par Schnei-

der. — Cornelius nepos , Vitæ excell. imperatorum. — G.
Joan. Vossius , De historicis latinis. — Meuschen , Vitæ
summorum virorum. — Erythræus, Pinacotheca illustrium
virorum. — Middleton, History of the Life of Cicero; la
même , traduite par l'abbé Prévost. — J. Mason , Vita
Ovidii , Horatii. — Diderot, Essai sur la vie de Sénèque.
— P. Jovius , Elogia. — Pap. Masson , Elogia varia. —
Pascoli, Vite de pittori, scultori ed architetti moderni. —
Abrégé de la vie des plus fameux peintres , par Dezallier
d'Argenville. — Vie des plus célèbres architectes , par Fe-
libien des Avaux. — M. Gerbert , De Rudolpho Suevico.
— Marsollier, Vie de Rancé. etc. etc.

J. Boccacius, De claris mulieribus. — Le Moyne, Galerie des femmes fortes. — Hilarion de Coste , Vies des
dames illustres. etc.

La mythologie et les fables expliquées par l'histoire, par
l'abbé Banier. — Hist. des temps fabuleux , par Guérin
du Rocher. — Les siècles payens, par l'abbé Sabattier. —
Hist. critique des pratiques superstitieuses qui ont séduit
les peuples , par le P. Pierre Le Brun. — Fontenelle, Hist.
des oracles. — Dictionarium historicum ac poeticum. etc.

La 35ᵉ section renferme une collection d'ouvrages classiques employés autrefois dans le collége de Porrentruy ,
sous la direction des jésuites. On y trouve un certain nombre de traités de Philosophie , des commentaires sur la
philosophie d'Aristote et une grande quantité d'ouvrages
élémentaires relatifs à l'étude de la langue et de la littérature latines , de la rhétorique et de la poésie; la plupart
sont écrits par des jésuites ; il en est quelques-uns de Scaliger, de Vossius, etc.

Antiquités, Numismatique, Diplomatique, Bibliographie.
(Section 36). L'antiquité expliquée par Dom Bernard de
Montfaucon. — Winckelmann, Geschichte der Kunst des
Alterthums. — G. Stuck , Antiquitates conviviales. —

Dempster, Antiquitates romanæ. — J. Rosinus, Antiq. romanæ, avec le traité de Paul Manuce *De legibus et de Senatu.* — H. Kipping, Antiq. romanæ. — Bartholomæi, Antiq. romanæ. — Polydor. Vergilius, De rerum inventoribus. — Pierius, Hieroglyphica. — Nic. Caussin, De symbolica Aegyptiorum sapientia.

Just. Lipsius, De amphitheatris, De gladiatoribus; De cruce. — Gulielm. Budæus, De asse et partibus ejus. — Rod. Hospinianus, De templis. — Octav. Ferrarius, De re vestiaria; De lucernis sepulchralibus. — Jac. Phil. Tomasinus, De donariis ac tabellis votivis. — Martinus de Roa, Singularia, et de die natali. — Onuphrius Panuinius, De ludis circensibus; de triumphis. — Bulenger, De venatione circi et amphitheatri. — J. Ant. Valtrinus, de re militari Romanorum. — Nieupoort, De ritibus Romanorum. — Muret, Ceremonie funebri di tutte le nazioni del mondo. — P. Faber, Agonisticon, sive de ludis veterum.

Discours sur les monumens publics de tous les âges et de tous les peuples, par l'abbé de Lubersac. — Joan. Ciampini, Vetera monimenta. — P. Paciaudius, Monumenta Peloponesia. — Caylus, Recueil d'antiquités égyptiennes, étrusques, grecques et romaines. — Nic. Bergier, Histoire des grands chemins de l'empire romain, avec un *fac simile* de la Table théodosienne, dite carte de Peutinger. — Fr. de Ficoroni, Le vestigia e rarita di Roma antica; Le singolarita di Roma moderna. — Raph. Fabretti, De columna Trajani, etc.; De aquis et aquæductibus veteris Romæ. — Isaac Vossius, Variæ observationes. — Jac. Laurus, Antiquæ urbis splendor. — Hub. Goltzius, Thesaurus rei antiquariæ. — Ant. Bayardi, Catalogo de gli antichi monumenti di Ercolano; Le pitture antiche d'Ercolano; les trois premiers volumes, gr. in-folio.

Joh. Smetius, Antiquitates Neomagenses. — M. Velserus, Res Augustarum Vindelicarum. — Antiquitates Trevirenses.

Traité des pierres gravées, tome 1ᵉʳ par P. J. Mariette. — Description des principales pierres gravées du cabinet du duc d'Orléans. tom. 1ᵉʳ par les abbés de La Chau et Le Blond.

Histoire de l'académie des inscriptions et belles-lettres, avec les mémoires de littérature tirés des registres de cette académie depuis son renouvellement jusqu'en 1779, formant 45 volumes in-4°, imprimés de 1736 à 1786. — Recueil de médailles de peuples et de villes qui n'ont point encore été publiées, par Pellerin. — Mélanges de diverses médailles, par le même. — Vaillant, Numismata imperatorum, etc. à populis græcè loquentibus percussa. — Anselm. Bandurus, Numismata imperat. à Trajano Decio ad Palæologos augustos. — L. Begerus, Thesaurus Brandenburgicus. — Ad. Occon, Numismata imper. à Pompeio ad Heraclium. — Selecta numismata antiqua, ex museo Petri Seguini. — Selectiora numismata in ære maximi moduli, e museo Francisci De Camps. — J. De France, Numismata cimelii cæsarei Austriaci Vindobonensis — De la rareté et du prix des médailles romaines, par Mionnet. — Bonanni, Numismata pontificum romanorum. — Traité historique des monnaies de France, par Le Blanc. — Médailles sur les principaux évènemens du règne de Louis XIV, par l'académie des inscriptions. — Médailles du règne de Louis XV, par G. R. Fleurimont.

Dom de Vaines, Dictionnaire de diplomatique. — Dom Carpentier, Alphabetum tironianum. — Valter, Lexicon diplomaticum. — D. Eb. Baringius, Clavis diplomatica. — J. Heumann, De re diplomatica imperatorum germanorum.

Histoire littéraire de la France, par Dom Rivet, etc., les onze premiers volumes, in-4°. — Histoire des auteurs sacrés et ecclésiastiques , par Dom Remy Ceillier. — Nouvelle bibliothèque des auteurs ecclésiastiques, par Ell. Dupin. — Les bibliothèques françaises de la Croix du Maine et de Du Verdier, édition revue par Rigoley de Juvigny. — Jugemens des savans sur les principaux ouvrages, par Baillet, revus par de La Monnoye. — Voyage littéraire de deux Bénédictins (D. Martenne et D. Durand). — Diarium italicum, par B. de Montfaucon. — Dictionnaire de Prosper Marchand. — Le Parnasse français, par Titon du Tillet. — Essai sur l'hist. littéraire de Pologne, par Dubois.

Photius, Bibliotheca, græco-lat. — Jo. Henr. Hottinger, Bibliothecarius quadripartitus. — Kœler, De bibliotheca bene ordinanda. — Reiser, Index manuscriptorum bibliothecæ Augustanæ. — Notices et extraits des manuscrits de la bibliothèque du Roi, tom. I et II.

D. Schöpflin, Vindiciæ typographicæ. — Bernard à Mallinkrot, De ortu ac progressu artis typographicæ. — A. Chevillier, L'origine de l'imprimerie de Paris. — Würdtwein, Bibliotheca Moguntina, libris primo sæculo typographico Moguntiæ impressis instructa. — Zapf, Annales typographiæ Augustanæ. — Debure , Bibliographie instructive. — Vogt, Catalogus librorum rariorum. — Ebert , Allgemeines bibliographisches Lexicon. — Index librorum prohibitorum, usque ad annum 1744. — Catalogus bibliothecæ Lugduno-Batavæ· — Lipenius, Bibliotheca theologica ; Biblioth. medica. — Barbier, Dictionnaire des ouvrages anonymes et pseudonymes, 2ᶜ édition. — Quelques autres catalogues de bibliothèques publiques et particulières.

V.

Belles-Lettres. *Grammaires* et *Dictionnaires.* (Section 37). M. Kavanagh, Discovery of the science of languages. — Weitenauer, Hierolexicon linguarum orientalium, hebraïcæ, chaldaïcæ et syriacæ. — Thomassin , Glossarium hebraïcum. — Lexicon hebraïcum , operâ Joan. Merceri, ant. Gevallerii et Corn. Bertrami. — Joan. Reuchlinus, Lexic. hebraïcum. — Ant. Zanolinus , Lexic. hebraïcum. Amb. Calepinus, Dictionarium undecim linguarum ; *ejusdem* Diction. septem linguarum.

Frid. Sylb. Veter , Etymologikon to mega. — Cornel. Schrevelius , Lexicon græco-latinum. — Scapula, Lexicon græco-latinum. — Ernestus, Lexicon græcum. — Ducange , Glossarium ad scriptores mediæ et infimæ græcitatis. etç.

G. Joan. Vossius , Etymologicon ling. latinæ. — Rob. Stephanus , Thesaurus ling. latinæ. — Ducange , Glossarium mediæ et infimæ latinitatis. — Carpentier , Glossarium novum ad scriptores medii ævi. — Spelmann , Glossar. archaiologicum, continens latino-barbara vocabula.— Un certain nombre de dictionnaires latin-français , latin-allemand , et vice - versa.

Lacombe , Dictionnaire du vieux langage français. — Borel, Trésor de recherches. — Dictionnaire de l'académie française. — Amsterdam 1696 ; le même , Paris 1798. — Dictionnaire des sciences et des arts pour faire suite au Dict. de l'académie, par Th. Corneille. — Le Dictionnaire de Trévoux ; de Richelet ; de Furetière ; de Ménage. — Le grand vocabulaire français , en 30 vol. in-4° etc.

Dictionnaire espagnol français , et vice-versa, par Sobrino ; par César Oudin. — Vocabulario degli accademici della Crusa, Venise 1635 et 1741. — Dictionnaire italien français et vice-versa, de Veneroni ; d'Alberti ; de Nat. Duez, edition d'Elzevir. etc.

Wachter, Glossarium germanicum. — Gottsched, Hand-Lexicon. — A. Boyer, Diction. français-anglais et vice-versa. — *idem*, par Cotgrave. — Nath. Bailley, Dict. anglais - allemand et réciproquement. etc.

Aug. Oldecop, Dictionnaire français - russe et russe-français. — Arthur Lumley Davids, Grammaire turke. — L'oraison dominicale en 100 langues et dialectes. etc. etc.

Rhétorique, Poétique, Philologie. Littérature grecque et latine (Sections 58 et 39). Rettorica et poetica d'Aristotile, tradotte da Bern. Segni. —Quintilianus, Institutiones oratoriæ. — Joan. Bentz, Thesaurus elocutionis oratoriæ græco-latin. — Adrian. Turnebus, Opera. — Laurentius Valla, Opera. — Auctores linguæ latinæ in unum corpus redacti, cum notis Dionys. Gothofredi. — Isidorus, De arte Rhetorica. — Nic. Caussinus, De eloquentia sacra et humana. — Mayans i Siscar, Rhetorica. — Fénélon, Dialogues sur l'éloquence. — Quelques traités élémentaires de Rhétorique.

Les quatre poétiques d'Aristote, d'Horace, de Vida, de Despréaux, avec les traductions et remarques de Batteux. — Dubos, Réflexions critiques sur la poésie et sur la peinture. — Ger. Joan, Vossius, De artis pœticæ natura. — Thomassin, Méthode pour étudier les poëtes, etc. etc.

Les traités de littérature de Batteux ; Trublet ; le cours de Laharpe, le cours d'études de Condillac, etc. etc.

Demosthenis et Æschinis Opera, græco-latina. — Isocratis, Opera, græco-latina. — Homeri Opera, græc. lat. — Hesiodi Opera. — Theocriti Eidyllii. — Pindari Carmina. — Anacreontis Odæ. — Euripidis Tragœdiæ. — Sophoclis tragœdiæ. — Aristophanis comœdiæ. — Les re-

cuèils des petits poètes grecs ; quelques traductions latines
et françaises. — Luciani Opera. — Plutarchi Opera. —
Juliani imperatoris opera, græc. lat. — Dyon. Longin. —
Les commentaires d'Eustache, sur Homère ; La traduction
en vers latins de l'Illiade, par Raym. Cunichius. — Guil.
Budæus, Commentarii ling. græcæ. — Epigrammata ve-
terum græcorum, Lubino interprete. etc. etc. — Brumoy,
Théâtre des Grecs. etc.

Ciceronis opera, plusieurs éditions, entre autres celle
de Coignard ; avec beaucoup de commentataires. — Plau-
te ; Térence ; Lucrèce ; Catulle, Tibulle et Properce ;
Virgile avec un certain nombre de commentaires et traductions ; Horace ; Ovide ; Phèdre ; Sénèque ; Lucain, avec
la traduction de Marmontel ; Silius Italicus ; Stace ; Valère
Flaccus ; Martial ; Perse et Juvénal ; Claudien ; Ausone ;
Prudence ; St. Prosper.

Pétrarque ; Sannazar ; Vida ; Deliciæ poëtarum germanorum ; Deliciæ poëtarum belgicorum ; Scaliger ; Pœmata
didascalia ; Anti-Lucretius, du Card. Polignac ; Les œuvres poétiques de plusieurs jésuites : Sautel ; Porée ; Balde ;
Milieu ; Carrara ; Vanières ; Bussières ; Claus, Weitenaur ;
le poëme des Eclipses de l'abbé Boscovich, avec la traduction par Barruel ; etc. Un certain nombre de poètes des
16 et 17e siècles.

Quelques ouvrages de critique : Aulu-Gelle ; Macro-
bius ; Petrone ; Alexandre d'Alexandri ; Erasme ; Paul
Manuce ; Ant. Muret ; Gérard voss ; J. Casaubon ; Vavas-
sor ; Jac. Sadoleti ; etc., etc.

Littérature espagnole et italiënne ; allemande et anglaise.
(Sections 39 et 40) M. de Cervantes, Vida y hechos del
hidalgo Don Quixote. — Quevedo-villegas, Obras esco-
gidas. — Lorenzo Gracian, Obras.

Dante ; Ariosto ; Aminta di Torq. Tasso ; Une traduction de Lucrèce en vers italiens, par alex. Marchetti ; —

Orlando da Fr. Berni ; — Ricciardetto di Nic. Carleroma-
ro ; Goldoni ; Metastasio ; — La secchia rapita di Al. Tas-
soni. — Boccacio, Il decamerone, etc. , etc.

Rued. Manessen, Sammlung von Minnesingern. —
Hans Sachs , Gedichte. — Une partie des œuvres de Kö-
nig , Günther , Besser , Gellert , Rabener , Gessner ;
Klopstock , Kleist , Uz , Cronegk , Wieland , Lessing ,
Zachariä , Weiss, Göthe , Haller , Gleim , Mendelsohn ,
Ramler , Jacobi , Blum , Meissner , Michaëli , Cramer ,
Stolberg , Schiller , Brock , von Loen , etc.

Quelques critiques : Bodmer , Breitinger , Abt , Gots-
ched ; la collection de l'ouvrage : Das neueste aus der
Gelehrsamkeit , de 1751 à 1759 inclusivement ; etc.

Schakespear , The Works , avec une traduction française et allemande. — Milton , Poetical works , with Ad-
dison's notes. — Edw. Young, Works. — Pope , Works ,
avec une traduction française de ses œuvres diverses. —
S. Butler , Hudibras. — John of Rochestre , Works. —
Thomson , The Seasons. — W. Mason , Poems. — Pom-
fret, Poems. — Gay , Fables. — Wil, Congreve , Works.
— G. Lillo , Works. — Sam. Richardson , History of
Grandison. — Letters by Jon. Swift ; by Chesterfield, etc.

Littérature française. (Sections 40 et 41) Beauchamps ,
Recherches sur les théâtres de France depuis 1161 jusqu'à
1735. — Dictionnaire des théâtres. — La France littéraire , (par d'Hébraïl et de La Porte). — Histoire littéraire
des troubadours, par Sainte-Palaie. — Sabattier, Les
trois siècles de la littérature française. — Histoire de
l'Opéra de Paris. — Ménage, Observations sur la langue
française.

Les œuvres poétiques ou dramatiques des auteurs sui-
vans :

Fr. Villon ; Martial d'Auvergne ; Pierre Blanchet ; Jean
Marot ; Guill. Coquillard ; Guill. Crétin ; Ch. Bourdigné ;

Clément Marot ; Ronsard ; Du Bartas ; Rob. Garnier ; morts dans le 16ᵉ siècle.

Jean Molinet ; Math. Regnier ; Malherbe ; Scarron ; Montfleury, père et fils ; Pierre Corneille ; Molière ; Quinault ; Benserade ; Lafontaine ; J. Racine ; morts dans le 17ᵉ

Segrais ; Saint-Evremond ; Pavillon ; Hauteroche ; Th. Corneille ; Regnard ; Boileau ; Regnier Desmarets ; Vergier ; Campistron ; Du Fresny ; Le Grand ; Baron ; du Cerceau ; La Motte ; J. B. Rousseau ; Ant. Louis Lebrun ; Autreau ; Danchet ; Boindin ; La Noue ; Nivelle de la Chaussée ; Destouches ; Fagan ; Morand ; Vadé : Crébillon ; Desmahis ; Marivaux ; Racine, fils ; Panard ; Saint-Marc ; Hénault ; De Bernis ; Piron ; Carmontelle ; Colardeau ; Saint-Foix ; Gresset ; Voltaire ; Dorat ; morts dans le 18. — Palissot, dans le 19ᵉ.

Les poésies sacrées de Lefranc de Pompignan ; Les Mois, poème par Roucher ; L'art de peindre, par Watelet ; L'agriculture, par Rosset ; La Jérusalem délivrée, trad. en vers, par Baour-Lormian. etc.

Rabelais ; L'heptaméron de Cl. Gruget ; Brantome ; Voiture ; Fontenelle, Fénélon : Montesquieu ; Lettres de Rabutin, de Mad. de Sévigné ; de Mad. de Maintenon ; de Leblanc ; Œuvres de Saint Réal, de Thomas, de Mad. Riccoboni, etc.

Philosophie. (Sections 42 et 43.) Jac. Brucker, Historia critica philosophiæ. — Précis de l'histoire de la philosophie, par Salinis et Scorbiac. — Bibliothèque des anciens philosophes, par Dacier.

Platonis, Opera omnia. — Plotinus, De rebus philosophicis. — Apuleius. — Aristoteles, Opera omnia græc. lat. — La politique d'Aristote, trad. par Champagne. — Luc. Ann. Seneca, Opera omnia. — Marci Antonii imperatoris Libri XII, græc. latinè.

Descartes ; Gassendi ; le P. Buffier ; Mallebranche ; Ladvocat ; Mirabaud ; De la Méthérie ; Wollaston ; Locke ; Bonnet ; Helvétius ; Voltaire ; J. J. Rousseau ; Frédéric-le-Grand ; Diderot ; Kant ; l'abbé Gérard ; etc.

Un certain nombre de critiques et moralistes : Montaigne ; Charron ; Hutcheson ; Bayle ; Barbeyrac ; Legendre ; l'abbé de Bellegarde ; Labruyère ; Carraccioli ; Gellert ; Ad-Smith ; Gottsched ; etc.

Plusieurs ouvrages de politique générale et d'administration : Machiavel ; le P. le Moyne ; Montesquieu ; Goguet ; Wicquefort ; Languinais ; l'abbé Duguet ; Necker, etc.

Quelques scholastiques des 17e et 18e siècles.

Telle est la classification suivie dans notre bibliothèque : les limites que nous impose le cadre de ce rapport ne nous permettent pas d'en présenter ici une statistique plus détaillée et moins incomplète sous le point de vue bibliographique. Cette collection renferme 12,300 volumes , non compris les ouvrages de la *bibliotheca pauperum*, rangés dans un local séparé. [1] Les vastes salles qu'occupe la bibliothèque, bientôt trop petites pour la renfermer, le grand nombre d'in-folio qu'elle contient , la ferait croire au premier aspect beaucoup plus considérable qu'elle n'est réellement. Le fonds des ouvrages qui la constituent est excellent ; il serait aujourd'hui difficile , sinon impossible , de le créer de nouveau, à quel prix que ce fût.

Nous avons à regretter que cette collection soit restée stationnaire durant plus de 40 ans. Depuis la suppression

[1] L'école normale du Jura , ouverte en 1837 dans le même bâtiment, possède aussi une bibliothèque composée principalement de livres relatifs à l'éducation , et renfermant un certain nombre d'excellens onvrages. Outre les œuvres du P. Girard , de Naville , et d'autres pédagogues distingués, on y trouve le savant atlas de Berghaus, la description des peuples de la terre , du même auteur ; le Cosmos de Humbold , le Dictionnaire d'histoire naturelle de d'Orbigny ; la Flore de Decandolle ; L'histoire de la Suisse par Müller , coutinuée par Glutz-Blotzheim , Hottinger , Monnard et Willemin ; plusieurs ouvrages de littérature moderne et d'histoire. Cette bibliothèque s'augmente successivement par de nouvelles acquisitions.

de l'école centrale, sous le régime français, elle n'a plus joui d'aucune allocation destinée à la continuer. Il en résulte que non-seulement les différentes divisions ne sont plus au niveau de l'état actuel des connaissances humaines, mais que certains grands ouvrages commencés dans le siècle dernier, continués ou terminés dans celui-ci, ne s'y trouvent qu'incomplets. Toute la littérature du 19e siècle y manque; les sciences exactes, les antiquités ne présentent que des ressources insuffisantes aujourd'hui.

Depuis 1847 seulement, la bibliothèque jouit d'une allocation annuelle de 300 francs, dans le budget du collége. Ce subside qui a déjà permis de compléter l'Encyclopédie méthodique et de faire quelques autres acquisitions moins importantes, est loin de suffire à compléter les grands ouvrages dont elle possède les premiers volumes et à combler les lacunes les plus criantes dans ses différentes sections. Espérons que la bienveillance du gouvernement secondera la sollicitude de l'administration du collége, afin de donner à cette bibliothèque intéressante, toute l'extension nécessaire, pour atteindre le but d'utilité publique qu'elle est destinée à remplir.

MÉDAILLIER.

A la bibliothèque est annexée une petite collection de médailles et de monnaies qui ne compte encore que quelques années d'existence.

Dès 1834, l'administration du collége s'était efforcée de réunir quelques médailles romaines et différentes monnaies qui restèrent sans classement jusqu'en 1839, où leur détermination devint le complément nécessaire de la réorganisation de la bibliothèque, qui venait d'être achevée. M. le docteur Wolf fit alors un don d'environ 150 médailles romaines qui permit de constituer une série présentant moins de lacunes. Le bibliothécaire détermina ces différentes pièces et les classa en six divisions. La 1re comprend les médailles antiques et romaines ; la 2e les monnaies du moyen âge et de l'époque moderne ; la 3e les médailles modernes ; la 4e les médailles gauloises et romaines découvertes dans l'ancien évêché de Bâle ; la 5e les médailles frappées dans l'Evêché, ou à l'occasion de faits relatifs à son histoire ; la 6e les monnaies des anciens Princes-Evêques de Bâle.

La 1re division se compose d'environ 700 pièces ; elle renferme quelques médailles d'Antiochus Evergète ; un petit nombre de médailles consulaires romaines, et une suite des principaux empereurs, depuis Jules César jusqu'à la chute de l'empire d'occident.

La 2e contient quelques bractéates ; un certain nombre de monnaies françaises : Lothaire ; Philippe-le-Bel ; Philippe de Valois ; Henri II, Henri III, le cardinal de Bourbon, Henri IV, etc., etc.

Quelques monnaies du 13e siècle des Evêques de Lyon ;

Valence; Besançon ; Gap; Vienne en Dauphiné; Clermont; Viviers , Metz ; des papes d'Avignon ; de Robert, comte de Provence; de Guillaume d'Orange, etc., etc.

Des monnaies des villes de Besançon ; Brisack; Haguenau ; Nancy; Colmar; Strasbourg; Fribourg en Brisgau , etc.

Des monnaies suisses ; italiennes ; espagnoles et de quelques Etats germaniques , etc., etc.

On remarque dans la 3e division quelques médailles historiques.

La quatrième présente : 1° quatre cent-cinq médailles romaines, du module ordinaire , en argent de mauvais aloi, trouvées près du village de Cœuve le 4 juin 1840. Ces pièces ont été découvertes sous le tronc vermoulu d'un chêne, dans un pâturage nommé *Sur le Cras Roquet;* elles étaient renfermées, au nombre d'environ 800 , dans un vase d'argile , dont nous avons recueilli les débris sur les lieux mêmes et qui sont conservés dans cette bibliothèque. Le collége n'a pu acheter que les suivantes , représentant une série d'empereurs , de césars et d'impératrices , depuis Septime Sévère promu à l'empire , l'an 193 de notre ère , jusqu'à Salonin fils de Gallien , tué dans les Gaules en 259. Les personnages qui forment cette série dans notre collection, sont : Septime Sévère ; Caracalla ; Géta, son frère ; Eliogabale ; Cornelia Paula , sa 1re femme ; Julia Sœmias, sa mère ; Julia Moesa , son aïeule ; Alexandre Sévère ; Orbiana, sa 3e femme ; Julia Mamæa, sa mère ; Maximin le Thrace , Maxime, son fils ; Balbin ; Pupien ; Gordien III ; Philippe I; Otacilia Severa , sa femme ; Philippe II, son fils ; Trajan-Dèce ; Etruscilla, sa femme ; Herennius Etruscus , son fils ; Trébonien-Galle ; Volusien, son fils ; Aemilien ; Valérien ; Mariniana , sa 2e femme ; Gallien, son fils ; Salonina, femme de Gallien ; Saloninus , son fils. 2° Des médailles trouvées sur l'emplacement d'un ancien camp romain, nommé le Mont Jules-César, à 2 lieues de Porrentruy. On y remarque un Domitien; un Trébonien-Galle; un Dioclétien; un Marc-Aurèle; un Maxence; des médailles de Constantin, Constans et Constantius, de Decentius, et plusieurs autres pièces frustes qui paraissent appartenir au règne de ces derniers. 3° Deux médailles trouvées à Bressaucourt, au lieu dit l'abbaye. L'une est de la famille *Carisia*; l'autre est un Adrien, grand bronze.

Cette division renferme encore d'autres médailles de provenance douteuse données comme trouvées aux environs de Porrentruy.

Quelques médailles de l'Evêché de Bâle, et une petite collection des monnaies de cette ancienne principauté forment la 5e et la 6e division qui laissent encore beaucoup à désirer.

Nous devons ajouter que la formation de cette collection naissante est le résultat de dons volontaires, et que les médailles trouvées à Cœuve, et un petit nombre d'autres seulement ont été achetées par l'administration du collége.

9.

Liste des personnes qui ont fait des dons à la bibliothèque, depuis le commencement de sa réorganisation, en 1837.

MM. Adam, professeur. Augustinus, De civitate Dei, de 1479. — Le Nouvel Emile, de M. Delanoue.

Béchaux, Seb. Bibliotheca juridica de Speidel, et quelques volumes de littérature allemande.

Béchaux, Ant. Croquis des peintures et inscriptions de l'ancienne église du collége, en 1793.

Blanchet, de Lausanne. Quelques monnaies du moyen âge et divers opuscules.

Blétry, Aug. Les huit premiers volumes de l'histoire littéraire de Dom Rivet.

Choffat, ancien préfet. Chronique de Wurstisen.

Crelier, prof. Mémoires de Georgel; Démosthènes, et quelques autres ouvrages.

Daucourt, médecin. Atlas de Janson. Une médaille de l'Evêché en or.

Dupasquier, prof. Térence.

Durand, prof. Cahiers d'arithmétique.

Eichelbrenner, Jos. Géodésie de Puissant.

Elsässer, Nep. Une médaille de l'Evêché en argent.

Faivre et Scuret, régents. Exercices d'orthographe.

Gigandet Louis. Les Evangiles, édition illustrée de Curmer.

Husson, Jos. Les Hiéroglyphes de Pierius.

Jollat, Jos. Vesperale romanum, édit. de Porrentruy.

Kohler, prof. Le Nouveau Testament grec de Baskerville : collection du *Véridique* de Fribourg.

Marchand, Xav. Corpus juris, de Furstenthal. Antiquitates Campaniæ felicis.

Michel, Victor. La plupart de ses éditions; son Vesperale romanum.

Mislin, ancien prof. Plusieurs objets recueillis dans son voyage en Palestine.

Piquerez, médecin à Saignelégier. Plusieurs monnaies.

Quiquerez, ancien préfet. Jean de Vienne et quelques objets antiques.

Rédet, archiviste. Un graduel du 12e siècle. Le Roman de la Tour, en allemand, de 1498.

Schirm, Achille. Un tableau, d'après la Judith d'Horace Vernet.

Sérasset, curé. L'Abeille du Jura.

Scuret, Charles. Géographie de Busching; Histoire de la Bible; une médaille de l'Evêché en argent.

MM. Stockmar, conseiller d'Etat. Uranographie de Francœur. Plusieurs mé-
    dailles.
    Theubet, Victor. Grammaire turke ; la Science du langage , de Kava-
    nagh. Deux petits tableaux.
    Thurmann, ancien prof. Chroniques de Nicolle Gilles ; collection de
    l'*Helvétie*, du *Patriote Jurassien* , le Chroniqueur de Vulliemin ;
    Essais sur les soulèvemens jurassiques ; etc.
    Trouillat, prof. L'*Helvétie de* 1840 , 1re année ; plusieurs monnaies et
    médailles.
    Wolf, médecin à Delle. Plusieurs médailles romaines.
    Vautrey , Louis. Physica Sacra de Scheuchzer ; Mémoires de Linguet ;
    Journal des assurances de MM. Grün et Joliat ; dix années du
    Journal du Jura ; plusieurs autres ouvrages.
    Verneur, Jacques Thomas. Journal des voyages en 37 volumes. Sin-
    gularités anglaises.
    Le conseil de Bourgeoisie de cette ville. Un bréviaire de l'Evêché ,
    manuscrit , antérieur à 1461.

TABLE.